GTB
Gütersloher Taschenbücher
734

W0379679

Dietrich Steinwede,

geboren 1930, war Dozent für Religionspädagogik am Pädagogisch-Theologischen Institut der Rheinischen Kirche in Bonn-Bad Godesberg.

Martin Buber

Worte für jeden Tag

Herausgegeben von Dietrich Steinwede

Gütersloher Verlagshaus

Originalausgabe

Die Deutsche Bibliothek – CIP-Einheitsaufnahme

Buber, Martin:
Worte für jeden Tag / Martin Buber. Hrsg. von Dietrich Steinwede. – Orig.-Ausg. – Gütersloh : Gütersloher Verl.-Haus, 1999
(Gütersloher Taschenbücher ; 734)
ISBN 3-579-00734-3

ISBN 3-579-00734-3
© Gütersloher Verlagshaus, Gütersloh 1999

Das Werk einschließlich aller seiner Teile ist urheberrechtlich geschützt. Jede Verwertung außerhalb der engen Grenzen des Urheberrechtsgesetzes ist ohne Zustimmung des Verlages unzulässig und strafbar. Das gilt insbesondere für Vervielfältigungen, Übersetzungen, Mikroverfilmungen und die Einspeicherung und Verarbeitung in elektronischen Systemen.

Umschlaggestaltung: INIT, Bielefeld,
unter Verwendung eines Fotos von Rolf M. Kneller, Jerusalem.
Satz: Weserdruckerei Rolf Oesselmann GmbH, Stolzenau
Druck und Bindung: Clausen & Bosse, Leck
Gedruckt auf chlorfrei gebleichtem Werkdruckpapier
Printed in Germany

Inhalt

Zur Einführung

Martin Buber (1878-1965), »der große Lehrer und Führer der geistigen Elite unter den Juden – als Übersetzer der Bibel, als Wiederentdecker und Verdeutscher der chassidischen Weisheit, als Gelehrter, als großer Schriftsteller und schließlich als Weiser, Lehrer und Repräsentant hoher Ethik und Humanität ist er nach Meinung derer, die sein Werk kennen, eine der führenden und wertvollsten Persönlichkeiten im heutigen Schrifttum der Welt«. So beschreibt Hermann Hesse in seinem (erfolglosen) Antrag an die Schwedische Akademie auf Verleihung des Nobelpreises an Martin Buber, den Sozial- und Religionsphilosophen, den gläubigen Humanisten, den Künder des »Ich und Du«, eines Gespräches von Mensch zu Mensch, vom Menschen zur Welt, von Mensch zu Gott. Martin Buber, eine der Gründergestalten des 20. Jahrhunderts, war »Wegbereiter christlich-jüdischer Brüderlichkeit« (Albrecht Goes), politisch engagiert für Völkerverständigung, vor allem zwischen Juden und Arabern. Buber entkam den Nationalsozialisten, nahm nach der Schoah in sehr früher Zeit (1953) den Friedenspreis des deutschen Buchhandels an, wandte sich nachdrücklich gegen »ein Zusammenwerfen des deutschen Volkes mit dem Mordgesindel der Gaskammer-Organisation«, schrieb: »Ich werde dagegen kämpfen, daß man ein Volk mit seinem Abschaum identifiziert« (Brief vom 19.1.1955).

Versöhner war Martin Buber, »Erzieher von Natur und Gnade« (Albrecht Goes). Voller Eifer, Geduld und Heiterkeit, frei, offen, humorvoll, immer dem Mitmenschen zugewandt, erfuhr er die Gnade und das Glück dialogischen Lebens. Eine verbindliche (festlegende) Lehre lehnte er zeitlebens ab. Er gab nicht Rezept und Weisung weiter, sondern in sublimer Einfachheit Erfahrung und Weisheit.

»Es will mir scheinen«, schrieb er, »daß es in unserer Weltstunde überhaupt nicht darauf ankommt, feste Lehre zu besitzen, sondern darauf, ewige Wirklichkeit zu erkennen und aus ihrer Kraft gegenwärtiger Wirklichkeit standzuhalten.« (Nachwort zu »Gog und Magog«)

Im Gespräch sagte er: »Ich habe keine Prinzipien. Es gibt Dinge, die wir tun müssen – hier und jetzt. Ich habe keine Prinzipien, nur einen Orientierungssinn, und handle je nach der gegebenen Sachlage. Ein Prinzip ist etwas, das Sie zwingt, immer auf eine vorgeschriebene Weise zu handeln ... Doch jede Situation muß von neuem betrachtet werden. Halten Sie Ihre Augen offen – das ist alles, was ich Ihnen zu sagen habe, denn ich kann Ihnen kein Prinzip nennen. Sie müssen die Situation beobachten. Ich kann es Ihnen nicht leichter machen.« (Abraham Schapira, »Meetings with Martin Buber«)

Die Spannweite seines Geistes reichte von wissenschaftlich-philosophischen und anthropologischen Erörterungen bis zur sprachmächtigen Übertragung und Deutung der Bibel, bis hin zur Dichtung in romanhafter Chronik (»Gog und Magog«), in legendenhafter Anekdote (»Die Erzählungen der Chassidim«) und einer Lyrik von beachtlicher Qualität.

»Sie verwandeln die Theologie in eindrucksvoller Weise in eine Philosophie des Glaubens, eben in eine Philosophie der Existenz des Volkes Gottes«, heißt es in einem Brief vom 23.3.1963. Bubers genial-einfache Entdeckung der Grundverschiedenheit der Ich-Es-Beziehung von der Ich-Du-Beziehung hat man eine »kopernikanische Wende« im Denken des 20. Jahrhunderts genannt. Diesem »Apostel der Zwiesprache« (Peter Sloterdijk) waren Gemeinschaft, Begegnung, Dialog zentrale Inhalte des Denkens.

Zentrale *Worte* für Martin Buber sind: Unmittelbarkeit, Anfangen, Gegenübersein, Rede und Antwort, »Wir«, Beziehung, »sich nicht vorenthalten«, Verantwortung, Gegenwart, »hier, wo man steht«, der Weg des Menschen, Lernen, Umfassung,

Offenbarung, Seele, Hören auf die Stimme, Schweigen, Gottesbegegnung, der Ewige als Du. Wichtig war ihm das Heilige in Geschichte und Natur, der lebendige, belebende, alles durchdringende Geist als lebensumschließende Wirklichkeit in einer weithin glaubenslosen Welt.

Die chassidischen Legenden – der Chassidismus war eine machtvolle religiöse Bewegung von existentiell gelebtem Glauben im osteuropäischen Judentum des 18. und des beginnenden 19. Jahrhunderts – hat er, indem er sie verdichtend nacherzählte, sprachlich durchgeformt und philosophisch durchleuchtet. Von Jugend auf wußte Buber, was diese begeisterten Frommen vor 200 Jahren konnten: »Sie konnten denken, spielen, träumen, tanzen; sie konnten an Gott glauben, wie nicht leicht sonst jemand an Gott glauben mochte, und sie konnten zugleich diese Welt lieben als den Ort, in dem Gott uns begegnen will, in allem Tun, in jedem Ding.« (Albrecht Goes)

Buber lebte eine unmittelbare Hingegebenheit an Gott. In »Antwort« (1963) sagte er: »Mit mir stand es so, daß all die in den Jahren 1912-1919 von mir gemachten Seinserfahrungen mir in wachsendem Maße als eine große Glaubenserfahrung gegenwärtig wurden. Damit ist eine Erfahrung gemeint, die den Menschen in all seinem Bestande, sein Denkvermögen durchaus eingeschlossen, hinnimmt, so daß durch alle Gemächer, alle Türen aufsprengend, der Sturm weht.«

Was ihn auszeichnete, war »die Art, wie er mit den Mitteln des modernen Geistes seiner Gotteserfahrung das Höchstmaß an Mitteilbarkeit abgerungen hat« (Grete Schaeder). Buber sah keinen Ort ohne Gott. »Gott ist das ewige Du«, sagt er, »in jedem Ding zu schauen und in jeder reinen Tat zu erreichen.« Leben ist ihm nichts anderes als »in Gott hineingehen«. »Die Gottesbegegnung widerfährt dem Menschen nicht, auf daß er sich mit Gott befasse, sondern auf daß er den Sinn an der Welt bewähre. Alle Offenbarung ist Berufung und Sendung.« (»Die chassidische Botschaft«)

Kaum einer im 20. Jahrhundert hat so tief und ergriffen von und zu Gott geredet wie Martin Buber.

Ich sehe (damals war ich Student) Martin Buber vor mir (es war 1953 in Hamburg), diesen kleinen bärtigen Menschen, still, ganz ruhig sprechend, die Zuwendung der Rede beherrscht von den dunklen Augen, »Spiegel intensiver Gegenwärtigkeit, die sich als Ausdruck einer tiefen und scheuen Frömmigkeit offenbarte« (Grete Schaeder).

Sein Werk stellt sich in vier großen Kreisen dar: zionistische Aktivität, dialogische Philosophie, Arbeit an der chassidischen Überlieferung, sowie die Verdeutschung der Hebräischen Bibel.

Die Schrift verstand Buber als gesprochenes Wort, als »Werk der Kehlen und Griffel«: »Meinen wir das Buch oder meinen wir die Stimme?« Seine Übertragung (bis 1929 zusammen mit Franz Rosenzweig) ist eine der großen Leistungen der deutschen Sprache, an Kraft der Lutherübersetzung ebenbürtig. Der »große Lauscher« gab stets – existentiell betroffen, auf die Stimme hörend – all seine Kraft: »Immer, wenn ich einen biblischen Text zu übertragen oder zu interpretieren habe, tue ich es mit Furcht und Zittern, in einer unentrinnbaren Schwebe zwischen dem Worte Gottes und den Worten der Menschen.« (»Begegnung«) »Ausgerufen« werden solle diese Verdeutschung der Schrift, meinte Martin Buber. 40 Jahre arbeitete er (mit Unterbrechungen) daran, bis 1961, vier Jahre vor seinem Tod. »Sehr großer und lieber Bibelerzähler« redet ihn Else Lasker-Schüler in einem Brief an. Und Hans Urs von Balthasar meint, daß bei Bubers Übertragung der Genius der alten semitischen Sprache durchklänge, ohne das Deutsche zu beleidigen.

Die »Tales«, wie er sie nannte, die »Erzählungen der Chassidim«, 1949 in der Manesse Bibliothek der Weltliteratur erschienen, diese »Perle der Weltliteratur« (Hermann Hesse), sah Buber recht eigentlich als »das Produkt einer Lebensarbeit« an (Brief vom 17.7.1947). Die Auseinandersetzung mit der chassidischen Botschaft war ihm der »tragende Grund seines Denkens«. Um 1903 fing er Feuer (»Da war es, daß ich im Nu die chassidische Seele erfuhr«). 60 Jahre lang hat ihn die Bearbeitung des chassidischen Überlieferungsgutes beschäftigt.

Buber war ein Weltgeist – seit den 50er Jahren des 20. Jahrhunderts auch weltweit anerkannt. Seine Korrespondenz mit vielen Dichtern, Denkern und Bewegern des Jahrhunderts füllt drei umfangreiche Bände. Die Reihe seiner berühmten Briefpartner erstreckt sich von Albert Einstein bis Theodor Heuß und Albert Schweitzer, von Hugo von Hofmannsthal, Alfred Mombert, Alfred Döblin, Hans Carossa, Franz Werfel, Franz Kafka, Max Brod, Arnold und Stefan Zweig bis Albrecht Goes, von Karl Barth bis Rudolf Bultmann und Dorothee Sölle, von Carl J. Buckhardt bis Dag Hammarskjöld. Viel mehr noch hat er mit einfachen Menschen aus vielen Ländern der Erde oft lange briefliche Gespräche geführt.

Auf nicht wenige Christen hat Buber nachhaltigen Einfluß ausgeübt. Dankesbriefe von überallher bezeugen Verehrung und Zuneigung. Sein Freund, der Schweizer Theologe des religiösen Sozialismus Leonhard Ragaz, schreibt z.B. unter dem 25.6.1942: »Stehe ich Ihnen doch näher als der ganzen christlichen Zunfttheologie!«

In der Einleitung zur Briefausgabe (1972-75) präzisiert Grete Schaeder Bubers Bedeutung: »Keine Kultur kann ihn für sich allein beanspruchen. Bubers Weg eines hebräischen Humanismus verbindet Ost und West, abendländische Geistesfreiheit und das Wissen des Orients um das Eine, das nottut.«

Ein Bewunderer schreibt: »Sie werden es nicht als Lobhudelei auffassen, wenn ich Ihnen aus meiner Erfahrung und aus meiner Not heraus versichere: dem Werk keines heute

Lebenden – und wer, von den Alten, sollte den Anforderungen unsrer Zeit genügen – vermöchten wir so wie dem Ihren Richtlinien zu entnehmen, die einen Weg weisen, einen menschenmöglichen, menschliches Dasein ermöglichenden Weg. Das bleibt Ihr Verdienst.« (Jean-Bernard Lang an Martin Buber, 26.8.1963)

Die »*Worte für jeden Tag*« spiegeln (in Auswahl) den Menschen Martin Buber, seine wichtigsten Gedanken und Erkenntnisse, sein unerhört vielseitiges, kaum auszuschöpfendes Werk. Sie geben Auskunft. Sie regen das Nachdenken an. Sie inspirieren den Glauben. Der philosophisch und theologisch entschiedene Denker, der Meister einer geistdurchwirkten, in originärer Wortwahl und Wortschöpfung kreativen Sprache kommt nachhaltig zur Geltung. Seine induktive Denkweise läßt ihn indes in seinem aus Anruf und Antwort gewobenen, dialogisch bewegten Sprechen häufig lange, wie Wellen daherströmende Perioden formen. So ist er von seiner Sprache her nicht leicht zu erobern. Man muß sich einlesen in diese hochanspruchsvolle, gelegentlich auch sakrale, gar kryptische Weise des Sprechens. So lassen sich, von Ausnahmen abgesehen – nur ganz gelegentlich spricht er in kurzen Hauptsätzen –, Bubers Gedanken nur selten auf eine Kurzformel bringen. Daher die Gliederung nach Wocheneinheiten (52!), wo in der Regel – herausgelöst aus umfangreicheren Abschnitten, auch aus mehreren Werken – in jeweils sieben Teilaspekten ein zusammenhängender Gedankengang sich verdeutlicht.

Das ermöglicht, zumal diese Aspekte sich jeweils auf einer Doppelseite darstellen, ein wiederholendes Lesen, ein Hin- und Herlesen und damit ein intensiveres Bedenken des jeweiligen Sachverhalts. Man kann diese Wocheneinheiten nach der vorgegebenen Datierung lesen. Man kann auch jeweils mit dem Sonntag (oder mit dem Schabbat) beginnen.

In einigen Texten sind um des besseren Verständnisses willen minimale, niemals sinnverändernde Eingriffe (Kürzungen, behutsame Änderungen in der Interpunktion, Wiederholungen des Subjekts, zusätzliche Kursivsetzungen) vorgenommen worden. In einem Fall wurde ein Wort – »Frau« statt »Weib« bei Buber – ausgetauscht.

Ich-Du-Wir-Welt-Gott – darum kreist alles bei Martin Buber. Tiefste Einsichten dieses Denkers: »Es ist in dieser Wüstennacht kein Weg zu zeigen; es ist zu helfen, mit bereiter Seele zu beharren, bis der Morgen dämmert und ein Weg sichtbar wird, wo niemand ihn ahnte.« (»Gog und Magog«, Nachwort) »Das Ereignis aber, dessen Weltseite Umkehr heißt, dessen Gottesseite heißt Erlösung.« – »Das Wort der Offenbarung ist: Ich bin da, als der ich da bin. Das Seiende ist da, nichts weiter. Der ewige Kraftquell strömt, die ewige Berührung harrt, die ewige Stimme tönt, nichts weiter.« (»Ich und Du«)

Mag zum Schluß noch einmal einer der ostjüdischen Zaddikim, die Buber so sehr am Herzen lagen, zu Wort kommen: Rabbi Pinchas von Korez (gest. 1791) aus dem Umkreis des Baal-Schem-Tow, den Buber einen »echten und ursprünglichen Weisen« nennt:

Rabbi Pinchas sprach. »Wenn ein Mensch singt und kann die Stimme nicht erheben, und es kommt ein andrer mit ihm singen und erhebt die Stimme, dann kann auch er die Stimme erheben. Das ist das Geheimnis des Haftens von Geist an Geist.«

Rabbi Pinchas pflegte zu sagen: »Wonach man jagt, das bekommt man nicht, aber was man werden läßt, das fliegt einem zu.«

Rabbi Pinchas sprach: »Laßt uns einander mehr lieben, dann wird uns weit sein.«

Dietrich Steinwede

Ich und Du

1. JANUAR Stehe ich einem Menschen als meinem Du gegenüber, spreche das Grundwort »Ich-Du« zu ihm, ist er kein Ding unter Dingen und nicht aus Dingen bestehend.

2. JANUAR Nachbarnlos und fugenlos ist er »Du« und füllt den Himmelskreis. Nicht als ob nichts andres wäre als er: aber alles andre lebt in *seinem* Licht.

3. JANUAR Wie die Melodie nicht aus Tönen sich zusammensetzt, der Vers nicht aus Wörtern und die Bildsäule nicht aus Linien, so der Mensch, zu dem ich Du sage. Ich kann die Farbe seiner Haare oder die Farbe seiner Rede oder die Farbe seiner Güte aus ihm holen – ich muß es immer wieder –, aber schon ist er nicht mehr Du.

4. JANUAR Das »Du« begegnet mir von Gnaden – durch Suchen wird es nicht gefunden. Alles wirkliche Leben ist Begegnung.

5. JANUAR Das Grundwort »Ich-Du« kann nur mit dem ganzen Wesen gesprochen werden. Die Einsammlung und Verschmelzung zum ganzen Menschen kann nie *durch* mich, kann nie *ohne* mich geschehen. Ich *werde* am Du. Ich werdend spreche *ich Du.*

6. JANUAR Die Beziehung zum Du ist unmittelbar. Zwischen Ich und Du steht keine Begrifflichkeit, kein Vorwissen und keine Phantasie.

7. Januar

Gegenwart ist nicht das Flüchtige und Vorübergleitende, sondern das Gegenwartende und Gegenwährende. Wesenheiten werden in der Gegenwart gelebt. Nur dadurch, daß das Du gegenwärtig wird, entsteht Gegenwart.

Aus: »Ich und Du« (1923)

Die dialogische Grundsituation

8. JANUAR Ob der Weise des Mittelalters redet: »Mein Gott, wo finde ich dich – wo finde ich dich nicht«; ob der heutige ostjüdische Bettler in das Grauen der härtesten Stunde zärtlich und unbeirrbar seinen nicht zu übersetzenden, einfältigen, aber in der Aussprache so abwandlungsreichen Kosenamen »Gottenju« hineinflüstert: es ist das gleiche Wiedererkennen, das gleiche Immerwieder-Anerkennen des Einen. Was so zu erhabenem oder kindhaftem Ausdruck kommt, ist die dialogische Situation, in der der Mensch steht.

9. JANUAR Die Sprache wird vom Judentum als ein über das Dasein des Menschen und der Welt hinausgreifendes Geschehen erkannt.

10. JANUAR Der Schöpfungsakt Gottes ist Sprache; aber auch jeder gelebte Augenblick ist es.

11. JANUAR Die Welt wird dem sie wahrnehmenden Menschen zugesprochen; und das Leben des Menschen selbst ist ein Zwiegespräch.

12. JANUAR Was dem Menschen widerfährt, sind die großen und kleinen, unübertragbaren, aber unverkennbaren Zeichen einer Anrede; was er tut oder läßt, kann Antwort oder Versagen der Antwort sein.

13. JANUAR

So ist die ganze Geschichte der Welt, die heimliche wirkliche Weltgeschichte, ein Dialog zwischen Gott und seiner Kreatur; ein Dialog, in dem der Mensch echter rechtmäßiger Partner ist, der sein eigenes selbständiges Wort von sich aus zu sprechen befugt und ermächtigt ist.

14. JANUAR

Ich bin weit davon entfernt zu behaupten, daß die Erfahrung und Erfassung der dialogischen Situation eine Besonderheit des Judentums sei. Aber es ist mir gewiß, daß keine andere Menschenschar an diese Erfahrung solche Kraft und Innigkeit hingegeben hat wie die Juden.

Aus: »Der Glaube des Judentums« (1928)

Der Mensch mit dem Menschen

15. JANUAR Nur in der lebendigen Beziehung ist die Wesenheit des Menschen, die ihm eigentümliche, unmittelbar zu erkennen.

16. JANUAR Auch der Gorilla ist ein Individuum, auch der Termitenstaat ist ein Kollektiv, aber Ich und Du gibt es in unserer Welt nur, weil es den Menschen gibt, und zwar das Ich erst vom Verhältnis zum Du aus.

17. JANUAR Betrachtest du den Einzelnen an sich, dann siehst du vom Menschen gleichsam nur so viel, wie wir vom Mond sehen. Erst der Mensch *mit* dem Menschen ist ein rundes Bild.

18. JANUAR Betrachtest du die Gesamtheit an sich, dann siehst du vom Menschen gleichsam nur so viel, wie wir von der Milchstraße sehen; erst der Mensch *mit* dem Menschen ist umrissene Form.

19. JANUAR Betrachte den Menschen *mit* dem Menschen, und du siehst jeweils die dynamische Zweiheit, die das Menschenwesen ist, zusammen: hier das Gebende und hier das Empfangende, hier die angreifende und hier die abwehrende Kraft, hier die Beschaffenheit des Nachforschens und hier die des Erwiderns, und immer beides in einem, einander ergänzend im wechselseitigen Einsatz, miteinander den Menschen darzeigend.

20. JANUAR

Jetzt kannst du dich zum Einzelnen wenden, und du erkennst ihn als den Menschen nach seiner Beziehungsmöglichkeit; du kannst dich zur Gesamtheit wenden, und du erkennst sie als den Menschen nach seiner Beziehungsfülle.

21. JANUAR

Wir mögen der Antwort auf die Frage, was der Mensch sei, näher kommen, wenn wir ihn als das Wesen verstehen lernen, in dessen Dialogik, in dessen gegenseitig präsentem Zu-zweien-Sein sich die Begegnung des einen mit dem anderen jeweils verwirklicht und erkennt.

Aus: »Das Problem des Menschen« (1943)

Das echte Gespräch

22. JANUAR Im echten Gespräch geschieht die Hinwendung zum Partner in aller Wahrheit, als Hinwendung des Wesens also. Jeder Sprecher meint hier den Partner, an den, oder die Partner, an die er sich wendet, in dieser personhaften Existenz.

23. JANUAR Selbstverständlich bedeutet solch eine Hinwendung keineswegs schon eine Billigung, aber worin immer ich wider den anderen bin, ich habe damit, daß ich ihn als Partner echten Gesprächs annehme, zu ihm als Person »Ja« gesagt.

24. JANUAR Des weiteren muß, wenn ein echtes Gespräch entstehen soll, jeder, der daran teilnimmt, sich selbst einbringen. Und das bedeutet, daß er willens sein muß, jeweils zu sagen, was er zu dem besprochenen Gegenstand im Sinn hat. Und das wieder bedeutet, daß er jeweils den Beitrag seines Geistes ohne Verkürzung und Verschiebung hergebe.

25. JANUAR Wo das dialogische Wort echtbürtig besteht, muß ihm (darüber hinaus) sein Recht durch Rückhaltlosigkeit werden. Rückhaltlosigkeit ist das genaue Gegenteil des Drauflosredens.

26. JANUAR

Dazu gesellt sich die Überwindung des Scheins. In wem in der Atmosphäre des echten Gesprächs der Gedanke an die eigene Wirkung als Sprecher des von ihm zu Sprechenden waltet, der wirkt als Zerstörer. Wenn ich statt des zu Sagenden mich anschicke, ein zur Geltung kommendes Ich vernehmen zu lassen, habe ich unwiederbringlich verfehlt, was ich zu sagen gehabt hätte.

27. JANUAR

Wo aber das Gespräch sich in seinem Wesen erfüllt zwischen Partnern, die sich einander in Wahrheit zugewandt haben, sich rückhaltlos äußern und vom Scheinenwollen frei sind, vollzieht sich eine denkwürdige, nirgendwo sonst sich einstellende gemeinschaftliche Fruchtbarkeit.

28. JANUAR

Das Wort ersteht Mal um Mal substantiell zwischen den Menschen, die von der Dynamik eines elementaren Mitsammenseins in ihrer Tiefe ergriffen und erschlossen werden. Das Zwischenmenschliche erschließt das sonst Unerschlossene.

Aus: »Elemente des Zwischenmenschlichen« (1953)

Der Name »Gott«

29. JANUAR Ihr ewiges Du haben die Menschen mit vielen Namen angesprochen. Als sie von dem so Benannten sangen, meinten sie immer noch Du.

30. JANUAR Die ersten Mythen waren Lobgesänge. Dann kehrten die Namen in die Es-Sprachen ein. Immer stärker trieb es die Menschen, ihr ewiges Du als ein Es zu bedenken und zu bereden.

31. JANUAR Aber alle Gottesnamen bleiben geheiligt: weil in ihnen nicht bloß *von* Gott, sondern auch *zu* ihm geredet worden ist.

1. FEBRUAR Manche wollen verweisen, das Wort »Gott« rechtmäßig zu gebrauchen, weil es so *miß*braucht sei. Und gewiß ist es das beladenste aller Menschenworte. Eben darum ist es das unvergänglichste und unumgänglichste.

2. FEBRUAR Und was wiegt alle Irr-Rede über Gottes Wesen und Werke (wiewohl es keine andere gegeben hat und geben kann) gegen die Eine Wahrheit, daß alle Menschen, die Gott angesprochen haben, ihn selbst meinten.

3. FEBRUAR

Denn wer das Wort »Gott« spricht und wirklich Du im Sinn hat, spricht, in welchem Wahn er immer befangen sei, das wahre Du seines Lebens an, das von keinem andern eingeschränkt zu werden vermag und zu dem er in einer Beziehung steht, die alle andern einschließt.

4. FEBRUAR

Aber auch wer den Namen verabscheut und gottlos zu sein glaubt, wenn der mit seinem ganzen hingegebenen Wesen das Du seines Lebens anspricht, als das von keinem andern eingeschränkt zu werden vermag, spricht er Gott an.

Aus: »Ich und Du« (1923)

Gott »fürchten«

5. Februar Furcht Gottes bedeutet nicht, sich *vor* Gott fürchten, sondern: erschauernd seiner Unbegreiflichkeit innewerden.

6. Februar Furcht Gottes ist das kreatürliche Wissen um das von keiner unsrer Geistesmächte zu berührende Dunkel, von dem aus Gott sich offenbart. Darum wird sie zu Recht der »*Anfang* der Erkenntnis« genannt.

7. Februar Furcht Gottes ist das dunkle Tor, durch das der Mensch gehen muß, um in die Liebe Gottes zu kommen.

8. Februar Wer den Gang durch dieses Tor meiden will, wer also damit beginnt, sich einen erfaßlichen Gott zu besorgen, der so und nicht anders beschaffen sei, läuft Gefahr, in der Tatsächlichkeit des Geschichts- und Lebensverlaufs an ihm verzweifeln zu müssen oder der inneren Lüge zu verfallen.

9. Februar Nur durch die Furcht Gottes tritt der Mensch so in die Liebe Gottes, daß er aus ihr nicht mehr geworfen werden kann.

10. FEBRUAR

Aber Furcht Gottes ist eben ein Tor, sie ist nicht ein Haus, in dem man sich wohnlich einrichten kann; wer darin verweilen wollte, würde in der Anbetung die Erfüllung jenes eigentlichen Gebots versäumen.

11. FEBRUAR

Gott ist unbegreiflich, aber er ist erkennbar in der Verbundenheit mit ihm. Gott ist nicht wißbar, aber er ist nachahmbar. Das Leben des gottungleichen Menschen kann dennoch in der Imitatio Dei gelebt werden.

Aus: »Kampf um Israel«. Reden und Schriften 1921-1932

Gott »nachfolgen«

12. Februar Es ist letzter Ernst, wenn die Schrift den Menschen anweist, auf Gottes Weg, in seine Fußstapfen zu treten.

13. Februar Der Mensch kann aus eigner Kraft keinen Weg, kein Wegstück vollbringen, aber er kann den Weg betreten, kann diesen ersten, immer wieder diesen ersten Schritt tun.

14. Februar Der Mensch kann nicht »wie Gott sein«, aber in aller Unzulänglichkeit einer jeden seiner Stunden kann er in jeder, mit dem Vermögen dieser Stunde, Gott nachfolgen.

15. Februar Und wenn er dem Vermögen dieser seiner Stunde genug tut, hat er genug getan.

Aus: »Kampf um Israel«. Reden und Schriften 1921-1932

16. Februar Wer das wahre Wissen erlangt, das Gottwissen, dem ist keine Scheidung zwischen Leben und Tod, denn er hangt an Gott und umfaßt ihn und lebt das ewige Leben wie Gott allein.

Aus: Einleitung zu »Die Geschichten des Rabbi Nachman« (1906)

17. FEBRUAR

Keine allgemein gültige Antwort ist da, keine Garantie ..., nur eben eine Chance, nur eben ein Wagnis. Der Glaube an Gott ist ein Wagnis, das Zeugen von Kindern ist ein Wagnis, vielleicht gibt es noch ein Wagnis im Tode. Auch wenn man das Rechte will, muß man wagen.

Aus: »Antwort« (1962)

18. FEBRUAR

Wenn an Gott glauben bedeutet, von ihm in der dritten Person reden zu können, glaube ich nicht an Gott. Wenn an ihn glauben bedeutet, zu ihm reden zu können, glaube ich an Gott. Ich umfasse ihn,
zu dem ich mich wende.

Aus: »Begegnung« (1960)

Die einwohnende Gegenwart Gottes in der Welt (Schechina)

19. FEBRUAR (Du vermagst sie zu erkennen). Dazu braucht du kein Lehrkundiger, kein Weiser zu sein: nichts ist not als eine in sich einige, ungeteilt auf ihr göttliches Ziel gerichtete Menschenseele.

20. FEBRUAR Und deine eigene Beschaffenheit, dies eben wie du bist, ist dein besonderer Zugang zu Gott, deine besondere Möglichkeit für ihn.

21. FEBRUAR Laß dich deiner Lust an Wesen und Dingen nicht verdrießen, laß sie sich nur in den Wesen und Dingen nicht verkapseln, sondern durch sie zu Gott vordringen.

22. FEBRUAR Empöre dich nicht wider deine Begierden, sondern fasse sie und binde sie an Gott.

23. FEBRUAR Nicht ertöten sollst du deine Leidenschaft, sondern sie heilig wirken und heilig ruhen lassen in Gott.

24. FEBRUAR

Aller Widersinn, mit dem die Welt dich kränkt, tritt dich an, damit du den Sinn in ihm entdeckst, und aller Widerspruch, der in dir selbst dich peinigt, wartet auf deinen Spruch, ihn zu bannen.

25. FEBRUAR

Alles Urleid will Eingang in deine begeisterte Freude. Diese deine Freude aber ist es nicht, wonach du strebst. Sie wird dir zuteil, wenn du danach strebst, »Gott zu erfreuen«.

Aus: Einleitung zu »Die Erzählungen der Chassidim« (1949)

Wege zu Gott

26. FEBRUAR Alle Menschen haben Zugang zu Gott, aber jeder einen anderen.

27. FEBRUAR Gottes Allumfassung stellt sich in der unendlichen Vielfalt der Wege dar, die zu ihm führen, und von denen jeder einem Menschen offen ist. Was wäre das für ein Gott, der nur einen einzigen Weg hätte, auf dem man ihm dienen kann.

28. FEBRUAR Gott sagt nicht: »*Das* ist ein Weg zu mir, *das* aber nicht«, sondern er sagt: »Alles, was du tust, kann ein Weg zu mir sein, wenn du es nur so tust, daß es dich zu mir führt.«

1. MÄRZ Auf welchem Weg ein Mensch zu Gott gelangt, kann somit nichts anderes ihm sagen als die Erkenntnis seines eigenen Wesens, die Erkenntnis seiner wesentlichen Eigenschaft und Neigung.

2. MÄRZ In jedermann ist etwas Kostbares, das in keinem andern ist. Was aber an einem Menschen »kostbar« ist, kann er nur entdecken, wenn er sein stärkstes Gefühl, seinen zentralen Wunsch, das in ihm, was sein Innerstes bewegt, wahrhaft erfaßt.

3. MÄRZ

Es kann aber keineswegs unsere wahre Aufgabe in der Welt, in die wir gesetzt sind, sein, uns von Dingen und Wesen, die uns begegnen und unser Herz an sich ziehen, abzuwenden, sondern gerade durch Heiligung unserer Verbindung mit ihnen damit in Berührung zu kommen, was sich in ihnen als Schönheit, als Wohlgefühl, als Genuß offenbart.

4. MÄRZ

Der Chassidismus lehrt, daß die Freude an der Welt, wenn wir sie mit unserem ganzen Wesen heiligen, zur Freude an Gott führt.

Aus: »Der Weg des Menschen nach der chassidischen Lehre« (1948)

Gott – Person – Du

5. MÄRZ Wie kann das Du-Verhältnis des Menschen zu Gott, das die unbedingte und durch nichts abgelenkte Hinwendung zu ihm bedingt, dennoch alle anderen Ich-Du-Beziehungen dieses Menschen mit umfassen und sie gleichsam Gott zubringen?

6. MÄRZ Wohlgemerkt, es wird nicht nach Gott gefragt, nur nach unserer Beziehung zu ihm. Und doch muß ich, um antworten zu können, von ihm reden. Denn unsere Beziehung zu ihm ist so übergegensätzlich, wie sie ist, weil er so übergegensätzlich ist, wie er ist.

7. MÄRZ Die Bezeichnung Gottes als einer Person ist unentbehrlich für jeden, der wie ich mit »Gott« kein Prinzip meint, der wie ich mit »Gott« keine »Idee« meint, der vielmehr wie ich mit »Gott« den meint, der – was immer er sonst noch sei – in schaffenden, offenbarenden, erlösenden Akten zu uns Menschen in eine unmittelbare Beziehung tritt und uns damit ermöglicht, zu ihm in eine unmittelbare Beziehung zu treten.

8. MÄRZ Dieser Grund und Sinn unseres Daseins konstituiert je und je eine Mutualität (Gegenseitigkeit), wie sie nur zwischen Personen bestehen kann. Der Begriff der Personhaftigkeit ist freilich völlig außerstande, das Wesen Gottes zu deklarieren, aber es ist erlaubt und nötig zu sagen, Gott sei *auch* eine Person.

9. MÄRZ

Gott nimmt seine Absolutheit in die Beziehung mit auf, in die er zum Menschen tritt. Der Mensch, der sich ihm zuwendet, braucht sich daher von keiner anderen Ich-Du-Beziehung abzuwenden: rechtmäßig bringt er sie alle ihm zu und läßt sie sich »in Gottes Angesicht verklären«.

10. MÄRZ

Gottes Sprache an die Menschen durchdringt das Geschehen in eines jeden von uns eigenem Leben und alles Geschehen in der Welt um uns her, alles Biographische und alles Geschichtliche, und macht es für dich und für mich zur Weisung, zur Forderung. Ereignis um Ereignis, Situation um Situation ist durch die Personsprache befähigt und ermächtigt, von der menschlichen Person Standhalten und Entscheidung zu heischen.

11. MÄRZ

Die Existenz von Mutualität (Wechselseitigkeit, Gegenseitigkeit) zwischen Gott und Mensch ist unbeweisbar, wie die Existenz Gottes unbeweisbar ist. Wer dennoch von ihr zu reden wagt, legt Zeugnis ab und ruft das Zeugnis dessen an, zu dem er redet, gegenwärtiges oder künftiges Zeugnis.

Aus: Nachwort zu »Ich und Du« (1957)

Gott – Welch ein Wort

12. MÄRZ Es ist das beladenste aller Menschenworte. Keines ist so besudelt, so zerfetzt worden. Gerade deshalb darf ich darauf nicht verzichten. Die Geschlechter der Menschen haben die Last ihres geängstigten Lebens auf dieses Wort gewälzt und es zu Boden gedrückt; es liegt im Staub und trägt ihrer aller Last. Die Geschlechter der Menschen mit ihren Religionsparteiungen haben das Wort zerrissen; sie haben dafür getötet und sind dafür gestorben; es trägt ihrer aller Fingerspur und ihrer aller Blut.

13. MÄRZ Wo fände ich ein Wort, das ihm gliche, um das Höchste zu bezeichnen! Nähme ich den reinsten funkelnden Begriff aus der innersten Schatzkammer der Philosophen, ich könnte darin doch nur ein unverbindliches Gedankenbild einfangen, nicht aber die Gegenwart dessen, den ich meine, dessen, den die Geschlechter der Menschen mit ihrem ungeheuren Sterben und Leben verehrt und erniedrigt haben.

14. MÄRZ *Ihn* meine ich ja, ihn, den die höllengepeinigten, himmelstürmenden Geschlechter der Menschen meinen. Gewiß, sie zeichnen Fratzen und schreiben »Gott« darunter; sie morden einander und sagen »in Gottes Namen«.

15. MÄRZ

Aber wenn aller Wahn und Trug zerfällt, wenn sie ihm gegenüberstehn im einsamsten Dunkel und nicht mehr »Er, er« sagen, sondern »Du, Du« seufzen, »Du« schreien, meinen sie alle das Eine, und wenn sie dann hinzufügen »Gott« – ist es nicht der wirkliche Gott, den sie alle anrufen, der Eine Lebendige, der Gott der Menschenkinder?

16. MÄRZ

Ist nicht er es, der sie *hört*? Der sie *er*hört? Und ist nicht eben dadurch das Wort »Gott«, das Wort des Anrufs, das zum *Namen* gewordene Wort, in allen Menschensprachen geweiht für alle Zeiten?

17. MÄRZ

Wir müssen die achten, die das Wort »Gott« verpönen, weil sie sich gegen das Unrecht und den Unfug auflehnen, sich so gern auf die Ermächtigung durch »Gott« zu berufen; aber wir dürfen es nicht preisgeben. Wie gut läßt es sich verstehen, daß manche vorschlagen, eine Zeit über von den »letzten Dingen« zu schweigen, damit die mißbrauchten Worte erlöst werden. Aber *so* sind sie nicht zu erlösen.

18. MÄRZ

Wir können das Wort »Gott« nicht reinwaschen, und wir können es nicht ganzmachen; aber wir können es, befleckt und zerfetzt wie es ist, vom Boden erheben und aufrichten über einer Stunde großer Sorge.

Aus: »Gottesfinsternis« (1952)

Einen Gott »besitzen«

19. März Ein moderner Philosoph meint, jeder Mensch glaube notwendig an Gott oder an »Götzen«, das heißt an irgendein endliches Gut – seine Nation, seine Kunst, die Macht, das Wissen, den Gelderwerb, die »immer neue Überwältigung der Frau« –, ein Gut, das ihm zum absoluten Wert geworden sei und sich zwischen ihn und Gott gestellt habe; man brauche ihm nur die Bedingtheit dieses Gutes zu erweisen, den Götzen zu »zerschmettern«, und der abgelenkte religiöse Akt kehre von selbst zu dem ihm gemäßen Gegenstand zurück.

20. März Diese Auffassung setzt voraus, daß das Verhältnis des Menschen zu den von ihm »vergötzten« endlichen Gütern dem zu Gott im Wesen gleich und nur am Gegenstand verschieden sei. Aber (...) wer von dem Götzen, den er gewinnen, haben und behalten will, beherrscht, von seinem Besitzenwollen besessen ist, hat keinen Weg zu Gott.

21. März Wer eine Frau, ihr Leben im eigenen vergegenwärtigend, liebt: das Du ihrer Augen läßt ihn in einen Strahl des ewigen Du schauen. Aber wer nach der »immer neuen Überwältigung« begierig ist – seiner Begier wollt Ihr ein Phantom des Ewigen hinhalten?

22. MÄRZ

Wer einem Volk, aufglühend im unermeßlichen Schicksal, dient: wenn er sich ihm hingeben will, meint er Gott. Wem aber die Nation ein Götze ist, dem er alles dienstbar machen möchte, weil er in dessen Bild das eigne erhöht – wähnt ihr, ihr brauchtet es ihm nur zu verleiden und er schaute die Wahrheit?

23. MÄRZ

Und was soll es gar heißen, daß einer das Geld, das leibhaftige Un-Wesen, behandle, »als wäre es Gott«? Was hat die Wollust des Erraffens und Schatzhütens mit der Freude an der Gegenwart des Gegenwärtigen gemein?

24. MÄRZ

Kann der Mammonsknecht zum Geld »Du« sagen? Und was soll er mit Gott anfangen, wenn er nicht Du zu sagen versteht? Er kann nicht zwei Herren dienen – auch nicht einem *nach* dem andern; er muß erst *anders* dienen lernen.

25. MÄRZ

Der durch die Substitution (den Ersatz) Bekehrte »hat« ein Phantom, das er Gott nennt. Gott aber, die ewige Gegenwart, läßt sich nicht haben. Wehe dem Besessenen, der Gott zu besitzen meint!

Aus: »Ich und Du« (1923)

Der wirkliche Umgang des Menschen mit Gott

26. MÄRZ Der wirkliche Umgang des Menschen mit Gott hat an der Welt nicht bloß seinen Ort, sondern auch seinen Gegenstand. Gott redet zum Menschen in den Dingen und Wesen, die er ihm ins Leben schickt. Der Mensch antwortet durch seine Handlung an eben diesen Dingen und Wesen.

27. MÄRZ Aller spezifische Gottesdienst ist seinem Sinn nach nur die immer erneute Bereitung und Heiligung zu diesem Umgang mit Gott an der Welt.

28. MÄRZ Aber es ist eine Urgefahr, wohl die äußerste Gefahr und Versuchung des Menschen, daß sich von der menschlichen Seite des Umgangs etwas ablöst und verselbständigt, sich rundet, sich scheinhaft zur Gegenseitigkeit ergänzt, sich an die Stelle des wirklichen Umgangs setzt.

29. MÄRZ Die Urgefahr des Menschen ist die »Religion«. Das sich so Verselbständigende können die Formen sein, in denen der Mensch die Welt Gott zuheiligte, das »Kultisch-Sakramentale«. Nun sind sie nicht mehr Weihung des gelebten All-Tags, sondern seine Ablösung. Weltleben und Gottesdienst laufen unverbindlich nebeneinander her.

30. MÄRZ Doch der »Gott« dieses Dienstes ist nicht mehr Gott. Es ist der bildsame Schein. Der wirkliche Partner des Umgangs ist nicht mehr da. Die Gebärden des Verkehrs schlagen in die leere Luft.

31. März

Oder das sich Verselbständigende können die seelischen Begleitumstände des Umgangs sein, die Andacht, die Ausrichtung, die Versenkung, die Verzückung. Was in die Bewährung an der Fülle des Lebens zu münden bestimmt und angewiesen war, wird von ihr abgeschnitten. Die Seele will nur noch mit Gott zu tun haben, als wollte er, daß man die Liebe zu ihm an ihm und nicht an seiner Welt ausübe.

1. April

Nun meint die Seele, die Welt sei zwischen ihr und Gott entschwunden; aber mit der Welt ist Gott selber entschwunden, nur sie allein, die Seele, ist da. Was sie Gott nennt, ist nur ein Gebild in ihr. Was sie als Dialog führt, ist ein Monolog mit verteilten Rollen. Der wirkliche Partner des Umgangs ist nicht mehr da.

Aus: »Spinoza, Sabbatai Zwi und der Baalschem« (1927)

Gottesfinsternis

2. APRIL Scheint es nicht seltsam, daß es Zeiten gibt, wo es so aussieht, als ließe uns Gott immer tiefer in den Dreck geraten und dächte nicht daran, uns herauszuholen?

3. APRIL Die Zeiten der großen Probe sind die der Gottesfinsternis. Wie wenn die Sonne sich verfinstert; und wüßte man nicht, daß sie da ist, würde man meinen, es gäbe sie nicht mehr, so ist es in solchen Zeiten.

4. APRIL Das Antlitz Gottes ist uns verstellt, und es ist, als müßte die Welt erkalten, der es nicht mehr leuchtet. Aber die Wahrheit ist, daß gerade erst dann die große Umkehr möglich wird, die Gott von uns erwartet, damit die Erlösung, die er uns zudenkt, unsre eigne Erlösung werde.

5. APRIL Wir nehmen ihn nicht mehr wahr, es ist finster und kalt, als ob es ihn nicht gäbe; es erscheint sinnlos, zu ihm umzukehren, der doch, wenn er da ist, sich gewiß nicht mit uns abgeben wird.

6. APRIL Es erscheint hoffnungslos, zu ihm durchdringen zu wollen, der vielleicht die Seele des Alls, aber nicht unser Vater ist.

7. APRIL

Ungeheures muß in uns geschehen, damit wir die Bewegung vollziehen. Aber wenn das Ungeheure geschieht, ist es die große Umkehr, die Gott erwartet.

8. APRIL

Die Verzweiflung sprengt das Verließ der heimlichen Kräfte. Die Quellen der Urtiefe brechen auf.

Aus: »Gog und Magog« (1943)

Verantwortung

9. APRIL Jeder Mensch hat eine unendliche Sphäre der Verantwortung, der Verantwortung vor dem Unendlichen. Er bewegt sich, er redet, er blickt, und jede seiner Bewegungen, jedes seiner Worte, jeder seiner Blicke schlägt Wellen ins Geschehen der Welt; er vermag nicht zu erkennen, wie starke und wie weite.

10. APRIL Jeder Mensch bestimmt mit all seinem Sein und Tun das Schicksal der Welt in einem ihm und allen unkenntlichen Maße; denn die Ursächlichkeit, die wir wahrnehmen können, ist ja nur ein winziger Ausschnitt aus dem unausdenklich vielfältigen unsichtbaren Wirken aller auf alle. So ist jede Menschenhandlung ein Gefäß der unendlichen Verantwortung.

11. APRIL Aber es gibt Menschen, an die die unendliche Verantwortung in einer besonderen, besonders aktiven Form allstündlich herantritt. Ich meine nicht die Herrscher und Staatsmänner, die das äußere Geschick großer Gemeinwesen zu bestimmen haben. Umfänglich ist der Kreis ihrer Wirkung. Aber um wirken zu können, wenden sie sich von dem einzelnen, ungeheuer bedrohten Leben, das sie mit tausendfältiger Frage anblickt, dem Allgemeinen zu, das sie blicklos dünkt.

12. APRIL

Ich meine jene Menschen, die dem tausendfältig fragenden Blick des einzelnen Lebens standhalten; die dem zitternden Mund der bedürftigen Kreatur, der Mal um Mal von ihnen Entscheidung heischt, getreulich Antwort geben.

13. APRIL

Das ist der Mensch, der die Tiefe der Verantwortung allstündlich mit dem Senkblei seines Wortes mißt. Er spricht – und weiß, daß seine Rede Schicksal ist. Er hat nicht über Länder und Völker zu entscheiden, sondern immer wieder nur über den kleinen und großen Gang eines einzelnen, so endlichen und doch unbegrenzten Lebens.

14. APRIL

Die Menschen kommen zu ihm, und jeder begehrt seinen Ausspruch, seine Hilfe. Und mögen es auch leibliche und halbleibliche Nöte sein, die sie ihm zuführen, in seiner Welteinsicht besteht nichts Leibliches, das nicht verklärt, besteht kein Stoff, der nicht zum Geist erhoben werden kann.

15. APRIL

Und dies ist es, was er an allen tut: *er erhebt ihre Not, ehe er sie stillt.* Um ihn, um den wahrhaften Helfer, ist es der Welt zu tun; ihm harrt sie entgegen, harrt sie immer wieder entgegen.

Aus: »Mein Weg zum Chassidismus« (1918)

Du sollst dich nicht vorenthalten

16. APRIL Wer aber die Frage stellt, den Ernst einer Seele auf den Lippen, und meint: »Was habe ich zu tun?« – den nehmen Gefährten bei der Hand, die er nicht kannte und die ihm alsbald vertraut werden und die antworten (er lauscht, was Wundersames da kommen mag, und ist erstaunt, als nichts anderes folgt denn dies): »Du sollst dich nicht vorenthalten.«

17. APRIL Die alte ewige Antwort! Aber ihre Wahrheit ist wieder einmal neu und unberührt. Der Fragende sieht die Wahrheit an, und sein Staunen wird fruchtbar. Er nickt. Und sowie er nickt, fühlt er an seinen Handflächen stärker die Blutwärme des Miteinanderseins, und es redet um ihn; aber nun ist es ihm, als redete er selber: »Du sollst dich nicht vorenthalten.«

18. APRIL Du, eingetan in die Schalen, in die dich Gesellschaft, Staat, Kirche, Schule, Wirtschaft, öffentliche Meinung und dein eigener Hochmut gesteckt haben, Mittelbarer unter Mittelbaren, durchbrich deine Schalen, werde unmittelbar, rühre, Mensch, die Menschen an.

19. APRIL Uralter Wust ist zwischen Mensch und Mensch gehäuft. Sinngeborene Form entartete zur Konvention, Ehrfurcht zu Mißtrauen, Keuschheit der Mitteilung zu geizender Verschlossenheit.

20. April

Mitunter tappen die Menschen im bangen Rausch aufeinander zu – und verfehlen sich, denn der Mulmhaufen ist zwischen ihnen. Räumt ihn hinweg, du und du und du! Stellt Unmittelbarkeit, aus dem Sinn formende, ehrfürchtige, keusche Unmittelbarkeit zwischen den Menschen her! – Du sollst dich nicht vorenthalten.

21. April

Einsamer, zwei Einsamkeiten sind in deinem Leben verflochten. Nur eine sollst du ausrotten: das Sich-Verschließen, das Sich-Zurückziehen, das Sich-Gegenüberstellen – die Einsamkeit der Gemeinschaftsunfähigen.

22. April

Die andere sollst du erst wahrlich gründen und festigen, das notwendige Immer-wieder-einsam-Werden des Starken, der seine Strahlen von Mal zu Mal, um neue Kraft zu sammeln, heimberufen muß in eine Einsamkeit, wo er in der Gemeinschaft des Gewesenen und Kommenden ruht und von ihr genährt wird, daß er in neuer Kraft zur Gemeinschaft des Seienden ausgehen kann.

Aus: »Was ist zu tun?« (1919, in: Hinweis. Gesammelte Essays)

Anfangen – Das Jetzt und Hier

23. April Eins der weisesten chassidischen Bücher, der »Raw Jewi« führt die Deutung aus: »Gott verlangt vom Menschen nur das Anfangen: daß er anfange, das Rechte zu tun; und Gott wird ihm helfen, es zu vollenden, denn ohne Hilfe von Gott kann man ja nichts zu Ende führen.«

24. April Das Wesen des Dienstes ist das Anfangen, da gehört die Tat dem Menschen; dann aber ist sie nicht mehr sein, denn vom Himmel wird ihm beigestanden. Das ist der Sinn des Wortes »Im Anfang«. Um des Anfangs in allem Rechttun willen hat Gott die Welt erschaffen.

25. April Wie tief werden wir durch diese Lehre unterwiesen! Es gibt etwas, was uns in Wahrheit zugewiesen ist, was wir und nur wir selber zu tun vermögen, was niemand, auch Gott nicht, uns abnimmt. Dieses eine zu tun und immer wieder zu tun, sind wir da; das ist mit uns gemeint; das ist unser und aller Schöpfung Sinn.

26. April Es kommt also nicht darauf an, ein »Ideal« zu verkünden und seine Erfüllung zu fordern, zu verfechten und abzuwarten, sondern darauf, an jedem Morgen mit der Verwirklichung des Rechten neu zu beginnen, ohne zu wissen, wie weit man heute kommt, wissend, daß es am nächsten Tage erneuten Anfang gibt – und daß in diesem All-Tag verborgen unser Vollenden und unsere Vollendung ruht.

Aus: »Im Anfang« (1924)

27. APRIL

Ein Chassid wird nach dem Tode seines Lehrers gefragt, was für diesen das Wichtigste im Leben gewesen sei. Er antwortete: »Das, womit er sich gerade abgab.«

28. APRIL

In jedem Augenblick hat jeder Mensch einen echten Zugang zum Sinn des Daseins: eben das, womit er sich gerade, im natürlichen Gang seines Lebens, jetzt und hier abgibt. In der Heiligung dieses Jetzt und Hier, also in der leiblichen Einheit von Glauben und Leben, hat er den einzigen Zugang zum Sinn. Er wird diese Einheit freilich nur sehr unzulänglich verwirklichen; aber, wenn er in der Heiligung die ganze gesammelte Kraft seines Wesens einsetzt, hat er das Seine getan; das Weitere ist nicht mehr seine Sache.

29. APRIL

Der Mensch kann nur anfangen; aber um dieses Anfangens willen, das ihm niemand abnimmt, ist er da.

Aus: »Das Judentum und die neue Weltfrage« (1930)

Gefühle und Liebe

30. April Gefühle begleiten das metaphysische und metapsychische Faktum der Liebe, aber sie machen es nicht aus; und die Gefühle, die es begleiten, können sehr verschiedener Art sein.

1. Mai Das Gefühl Jesu zum Besessenen ist ein andres als das Gefühl zum Lieblingsjünger; aber die Liebe ist eine.

2. Mai Gefühle werden »gehabt«; die Liebe geschieht. Gefühle wohnen im Menschen; aber der Mensch wohnt in seiner Liebe. Das ist keine Metapher, sondern die Wirklichkeit.

3. Mai Die Liebe haftet dem Ich nicht an, so daß sie das Du nur zum »Inhalt«, zum Gegenstand hätte; sie ist *zwischen* Ich und Du.

4. Mai Wer dies nicht weiß, (daß die Liebe *zwischen* Ich und Du ist, wer dies nicht) mit dem Wesen weiß, kennt die Liebe nicht, ob er auch die Gefühle, die er erlebt, erfährt, genießt und äußert, ihr zurechnen mag.

5. MAI

Liebe ist ein welthaftes Wirken. Wer in ihr steht, in ihr schaut, dem lösen sich Menschen aus ihrer Verflochtenheit ins Getriebe. Gute und Böse, Kluge und Törichte, Schöne und Häßliche, einer um den andern wird ihm wirklich und zum Du; das ist: losgemacht, herausgetreten, einzig und gegenüber wesend. Ausschließlichkeit ersteht wunderbar Mal um Mal – und so kann er wirken, kann helfen, heilen, erziehen, erheben, erlösen.

6. MAI

Liebe ist Verantwortung eines Ich für ein Du: hierin besteht, die in keinerlei Gefühl bestehen kann, die Gleichheit aller Liebenden, vom kleinsten bis zum größten und von dem selig Geborenen, dem sein Leben in dem eines geliebten Menschen beschlossen ist, zu dem lebelang ans Kreuz der Welt Geschlagnen, der das Ungeheure vermag und wagt: *die Menschen* zu lieben.

Aus: »Ich und Du« (1923)

Die Unerlöstheit der Welt

7. Mai Der Brennpunkt der jüdischen Seele ist das Grundgefühl, daß die erlösende Kraft Gottes überall und immer wirkt und daß doch nirgends und niemals ein Erlöstsein besteht.

8. Mai Der Jude erfährt als Person, was jeder aufgeschlossene Mensch als Person erfährt: in der Stunde der tiefsten Verlassenheit das Angewehtwerden von drüben her, die Nähe, die Berührung, die Heimlichkeit des Lichtes aus der Finsternis.

9. Mai Und der Jude erfährt als Teil der Welt, so heftig wie vielleicht kein Teil der Welt sonst, ihre Unerlöstheit. Er spürt diese Unerlöstheit an seiner Haut; er schmeckt sie mit seiner Zunge; die Last der unerlösten Welt liegt auf ihm.

10. Mai Von diesem seinem leiblichen Wissen aus *kann* er nicht zugeben, daß die Erlösung geschehen sei: er weiß, daß sie nicht geschehen ist. Wohl vermag er in der geschehenen Geschichte Vorbildungen der Erlösung zu erblikken, aber eben nur jene immer und überall wirkende Heimlichkeit des Lichtes aus der Finsternis, nicht eine artandere, wesenhaft einmalige, zukunftentscheidende, die nur noch zu ihrem Ende zu führen wäre.

11. Mai

Mit einer Kraft, die Urgnade in ihn getan und keins der Gerichte ihm entzogen hat, wehrt sich der Jude gegen die radikale Scheidung von Seele und Welt, die dieser Vorstellung zugrundeliegt; er wehrt sich gegen das Bild einer göttlichen Zerspaltung des Daseins.

12. Mai

Der Gott, an den er glaubt, hat das All nicht dazu erschaffen, um es in eine selige und eine verdammte Hälfte auseinanderbrechen zu lassen. Wohl ist seine Ewigkeit vom Menschen nicht zu fassen, aber es kann – so wissen wir Juden bis in unsere Sterbestunde – keine Ewigkeit sein, in der nicht *alles* in seine Versöhnung aufgenommen wäre, wenn er die Zeit in die Ewigkeit zurückgenommen hat.

13. Mai

Gibt es aber ein Stadium der Welterlösung, in dem sie sich erst an einem *Teil* der Welt erfüllt, so leiten wir aus unserem Glauben keinen Anspruch auf Erlöstwerden ab, geschweige denn aus sonst einem Bestand. »Und willst du Israel noch nicht erlösen, so erlöse doch die Gojim allein«, pflegte der Kosnitzer Rabbi zu beten.

Aus: »Die Brennpunkte der jüdischen Seele« (1930)

Der Charakter der »Schrift«

14. MAI Ein Doppeltes hebt die Schrift, das sogenannte Alte Testament, von den großen Büchern der Weltreligionen ab. Das Eine ist, daß Ereignis und Wort hier durchaus im Volk, in der Geschichte, in der Welt stehen. Was sich begibt, begibt sich nicht in einem ausgesparten Raum zwischen Gott und dem Einzelnen; über diesen hin geht das Wort an das Volk, das hören und verwirklichen soll.

15. MAI Was sich begibt, erhebt sich nicht über die Volksgeschichte, es ist nichts andres als das offenbare Geheimnis der Volksgeschichte selber. Aber eben damit ist das Volk gegen die nationale Selbstzwecksetzung, die Gruppeneigensucht, den »Atem der Weltgeschichte« gestellt. Es soll die Gemeinschaft der Seinen als Vorbild einer Gemeinschaft der so vielen und so verschiedenen Völker errichten.

16. MAI Der geschichtliche Bestand in »Stamm« und »Erde« ist an den »Segen« gebunden (1. Mose 12,7ff.), und der Segen an den Auftrag. Das Heilige dringt in die Geschichte ein, ohne sie zu entrechten.

17. MAI Und das andere ist, daß hier ein Gesetz spricht, das dem natürlichen Leben des Menschen gilt. Fleischessen und Tieropfer sind aneinander gebunden; die eheliche Reinheit wird monatlich im Heiligtum geweiht; der triebhafte, der leidenschaftliche Mensch wird angenommen, wie er ist, und eingeheiligt, daß er nicht süchtig werde.

18. MAI

Das Verlangen nach Bodenbesitz wird nicht verpönt, Verzicht wird nicht geboten; aber Eigner des Bodens ist Gott, der Mensch nur »Beisaß« bei ihm. Und der Eigner setzt den Rhythmus des Besitzesausgleichs ein, damit die überwachsende Ungleichheit nicht die Gemeinschaft zwischen den Genossen sprenge.

19. MAI

Das Heilige dringt in die Natur ein, ohne sie zu vergewaltigen. Der lebendige Geist will begeistern und beleben; will, daß Geist und Leben einander finden, daß Geist sich ins Leben gestalte, Leben aus Geist sich kläre: er will, daß die Schöpfung sich aus sich vollende.

20. MAI

Dieses Willens und des gebotenen Dienstes am lebenverbundenen Geist Zeugnis will das »Alte Testament« sein.

Aus: »Zu einer neuen Verdeutschung der Schrift«, Beilage zu »Die fünf Bücher der Weisung« (1954)

Der Prophet Israels

21. Mai Es ist immer wieder darauf hinzuweisen, daß der Glaube Israels nur dann in seiner Wirklichkeit begriffen werden kann, wenn man sich die doppelte Gotteserfahrung dieses Volkes in aller Konkretheit vergegenwärtigt.

22. Mai Die eine Erfahrung, die Israel als *Volk* macht, ist die des Wandernden: unser Gott geht uns voran, wir gehen ihm nach. Der Weg ist sein Weg; es ist an uns, ihm auf seinen Wegen zu folgen.

23. Mai Die zweite, von dieser freilich unablösbare Erfahrung macht das Volk Israel *in seinen Einzelnen*, in den »Kündern«. Den Künder, den Nabi, redet sein Gott an und redet durch ihn das Volk an. Er spricht durch ihn je und je seine »Weisung« (tora), seine Wegweisung aus, die ja der jeweiligen Interpretation durch den Menschenmund bedarf.

24. Mai Er holt den von ihm Berufenen aus der natürlichen Ruf-Taubheit des Menschen hervor, immer neu »weckt er ihm das Ohr« (Jesaja 50,4), daß er als treuer »Lehrling« das zu Vernehmende vernehme. Mitten aus dem brennenden Dornbusch des geschichtlichen Geschehens redet die Stimme zu ihm; er hat sie zu dolmetschen, hat es zu deuten, je und je als Stationen des Weges, an denen das Volk diesen betreten oder erneut verfehlen kann.

25. Mai

Der Nabi redet durchaus als ein um dieser seiner Rede willen Angeredeter. Er redet zum Volk, das die unmittelbare göttliche Anrede nicht zu vernehmen vermag oder sie nicht ertrüge. Er, der Künder, spricht das Wort immer wieder zu diesen bestimmten Menschen da vor ihm, in denen sich Israel darstellt: und wenn er es dann etwa (...) niederschreibt, geschieht das wieder für bestimmte Menschen – immer in einer historisch gegebenen und als solcher deutbaren Situation.

26. Mai

Was der Nabi von der Zukunft zu sagen hat, ist an diese Situation (...) gebunden. Er darf seinen Auftrag nicht darin erblicken, er solle, über die Zeit erhoben, den kommenden Äon »enthüllen«: In seiner Rede steht er immer in dem Punkte der Zeit, wo sich das Schicksal entscheidet. Mit seinem Sprechen des Wortes stellt er die Menschen vor die Entscheidung zwischen *dem* Weg und den Wegen.

27. Mai

Und wenn der Nabi mit der äußersten Genauigkeit ein zeitlich fixiertes und unabdingliches Verhängnis anzukündigen scheint, es bleibt noch ein Raum für das trotz allem hoffende »Wer weiß« der Niniviter (Jona 3,9), Raum für die Umkehr des Menschen von seinen Wegen zum Wege Gottes – und für dessen »Umkehr« zur Gnade.

Aus: Vorwort zu »Der Glaube der Propheten« (1940)

Umgang mit der »Schrift«

28. MAI Faßt man das »Alte Testament« als »religiöses Schrifttum«, einer Abteilung des abgelösten Geistes zugehörig, dann versagt es, und dann muß man sich ihm versagen. Faßt man es als Abdruck einer lebenumschließenden Wirklichkeit, dann faßt man es, und dann erfaßt es einen.

29. MAI Der spezifisch heutige Mensch aber vermag dies kaum noch. Wenn er an der Schrift überhaupt noch »Interesse nimmt«, dann eben ein »religiöses« – zumeist nicht einmal das, sondern ein »religionsgeschichtliches« oder ein »kulturgeschichtliches« oder ein »ästhetisches« und dergleichen mehr, jedenfalls ein Interesse des abgelösten, in autonome »Bereiche« aufgeteilten Geistes.

30. MAI Der heutige Mensch stellt sich dem biblischen Wort nicht mehr, wie die früheren Geschlechter, um auf es zu hören; er konfrontiert sein Leben nicht mehr mit dem Wort; er bringt das Wort in einer der vielen unheiligen Laden unter und schafft sich Ruhe davor. So lähmt er die Gewalt, die unter allem Bestehenden am ehesten ihn zu retten vermöchte.

31. MAI Dem heutigen Menschen ist die Glaubenssicherheit nicht zugänglich und kann ihm nicht zugänglich gemacht werden. Wenn es ihm um die Sache ernst ist, weiß er das und darf sich nichts vormachen. Aber die Glaubensaufgeschlossenheit ist ihm nicht versagt.

1. Juni

Auch der heutige Mensch kann sich, eben wenn er mit der Sache wahrhaft Ernst macht, diesem Buch auftun und sich von dessen Strahlen treffen lassen, wo sie ihn eben treffen; er kann sich, ohne Vorwegnahme und ohne Vorbehalt hergeben und sich erproben lassen; er kann aufnehmen, mit allen Kräften aufnehmen, und erwarten, was etwa an ihm geschehen wird, warten, ob nicht zu dem und jenem in dem Buch eine neue Unbefangenheit in ihm aufkeimt.

2. Juni

Dazu muß der heutige Mensch freilich die Schrift vornehmen, als kenne er sie noch nicht; als hätte er sie nicht in der Schule und seither im Schein »religiöser« und »wissenschaftlicher« Sicherheiten vorgesetzt bekommen; neu muß er sich dem neugewordenen Buch stellen, nichts von sich vorenthalten, alles zwischen ihm und jenem geschehen lassen, was geschehen mag.

3. Juni

Der heutige Mensch weiß nicht, welcher Spruch, welches Bild ihn von dort (von der Schrift) aus angreifen und umschmelzen, woher der Geist brausen und in ihn fahren wird, um sich in seinem Leben neu zu verleiben; aber er ist aufgetan. Er glaubt nichts von vornherein, er glaubt nichts von vornherein nicht. Er liest laut, was dasteht; er hört das Wort, das er spricht, und es kommt zu ihm. Nichts ist präjudiziert; der Strom der Zeiten strömt; und dieses Menschen Heutigkeit wird selber zum auffangenden Gefäß.

Aus: »Zu einer neuen Verdeutschung der Schrift«. Beilage zu »Die fünf Bücher der Weisung« (1954)

23. Woche / im Juni

Hiob

4. Juni Da ich doch weiß, mein Auslöser lebt, und als der Spätgekommene wird aufstehn er überm Staub. Und noch nachdem meine Haut, dies da, zerfetzt ist, noch von meinem Fleische aus werde ich Gott schauen.

Hiob 19,25

5. Juni Goel, Auslöser wird der genannt, der einen »verfallenen« Besitz, eine »verfallene« Witwe revitalisiert, sie wieder in den zugehörigen Lebenszusammenhang bringt. »Staub« bezeichnet den Boden, auf dem Hiob sitzt.

6. Juni Von der zerstörenden Wirkung der Krankheit auf seine Haut spricht Hiob vorher; sie wird immer mehr »zerfetzt«. Jetzt zeigt er sprechend auf sie: »dies da«.

7. Juni In Hiobs Klage geht es letztlich darum, daß Gott, dessen intimes »Einvernehmen« einst »über seinem Zelt war« (29,4), sich von ihm entfernt hat, und ihm damit auch sein, Hiobs, »Recht« entzogen hat. Dennoch kann er hernach an der »Erscheinung« Gottes Genügen finden, der ja von der Ungerechtigkeit des Weltlaufs, an der Hiob Kritik geübt hat, gar nichts erklärt oder rechtfertigt.

8. JUNI

Hiob klagt: Gott bleibt mir fern; aber er ist gewiß: Gott wird, wie spät auch, doch noch kommen; und wenn meine Haut dann schon ganz zerfetzt ist, werden noch aus meinem hautlosen Fleische hervor meine Augen ihn schauen. Dieses Erscheinen wird den Hiob, mag es auch erst knapp vor seinem Sterben geschehn, aus der Verfallenheit »auslösen«. Der »Lebende« wird ihn, sei es auch erst im letzten Augenblick, revitalisieren.

Aus: Brief vom 30.4.1960 in »Briefwechsel aus sieben Jahrzehnten«, Bd. III

9. JUNI

Die Frage »Warum leiden wir, was wir leiden?« hatte von Anbeginn einen religiösen Charakter. »Warum?« ist keine philosophische Frage nach dem Wesen der Dinge, sondern eine religiöse nach dem Handeln Gottes. Bei Hiob verdeutlicht sie sich. Was er fragt, ist nicht etwa »Warum läßt Gott zu, daß ich leide?«, sondern »Warum macht Gott mich leiden?«. Unfraglich ist hier, daß alles von Gott kommt, fraglich nur, wie dieses mein Leiden sich mit seinem (Gottes) Gottsein verträgt.

10. JUNI

Sei es auch im Tod, Hiob wird Gott wieder »schauen« als seinen »Auslöser«. Irgendwann, irgendwo muß die widersinnige Zweiheit einer vom Menschen gewußten Wahrheit und einer von Gott geschickten Wirklichkeit in einer Einheit göttlicher Gegenwart untergehen. Wie das geschehen kann, weiß Hiob nicht und begreift es nicht, er glaubt es nur. Im »Schauen«, im Wiederschauendürfen wird aus dem Abgrund der neue Grund. Dem Leidenden, der in der Tiefe seiner Verzweiflung mit widerspenstiger Klage sich an Gott hält, reicht sich Gott zur Erwiderung dar.

Aus: »Der Glaube der Propheten« (1940)

Und doch bleibe ich stets bei dir – Psalm 73

11. JUNI Und doch bleibe ich stets bei dir.
Meine rechte Hand hast du erfaßt.
Mit deinem Rate leitest du mich.
Und danach nimmst du mich in Ehren hinweg.*

Psalm 73,23-24

12. JUNI Was ist es doch, das mich an diesem aus Schilderung, Bericht und Bekenntnis zusammengefügten Gedicht so anzieht, und immer mehr noch, je älter ich werde? Ich denke, es ist dies, daß hier ein Mensch berichtet, wie er zum wahren Sinn seiner Lebenserfahrung gelangt ist, und daß dieser Sinn unmittelbar an das Ewige rührt.

13. JUNI Wer lauteren Herzens dem göttlichen Geheimnis naht, erfährt, daß er stets bei Gott ist. Es ist eine Offenbarung. Man würde das Verständnis des Ganzen verfehlen, wenn man hier an ein frommes Gefühl dächte. Vom Menschen aus gibt es keine Stetigkeit, nur von Gott aus. Der Psalmist hat erfahren, daß Gott und er stets beieinander sind.

14. JUNI Der Sprecher unseres Psalmes (...) sagt nicht mehr »Du bist bei mir« sondern »Ich bin bei dir«. Das jedoch kann er nicht von seinem Gefühl und Bewußtsein aus sagen, denn kein Mensch vermag in steter Gegenwart Gott zugewandt sein, sondern nur von der Offenbarung aus, daß Gott stets bei ihm ist.

* Diese Psalmverse stehen auf Bubers Grabstein in Jerusalem.

15. JUNI

Die zentrale Erfahrung wagt der Psalmist nicht mehr als Wort Gottes auszusprechen; aber er spricht sie in einer Gebärde Gottes aus. Gott hat seine rechte Hand erfaßt – wie ein Vater (...) seinen kleinen Sohn an die Hand nimmt, um ihn zu führen.

16. JUNI

»Mit deinem Rate leitest du mich«: Der leitende Rat Gottes scheint mir nichts andres als die sich dem lauteren Herzen unmittelbar mitteilende göttliche Gegenwart zu sein. Wer dieser Gegenwart inne ist, handelt in den wechselnden Situationen seines Lebens anders, als wem sie unmerklich bleibt. Gott rät, indem er zu wissen tut, daß er da ist.

17. JUNI

»Und danach nimmst du mich in Ehren hinweg«: Es steht hier nichts davon, daß man nach dem Tode in den Himmel kommen könne. Und, soweit ich sehe, steht auch sonst nirgends im »Alten Testament« etwas davon. (Denen), die die Aufgabe ihres Lebens rechtschaffen erfüllt haben, ist im Tode die Ehre gewährt. Die »Ehre«, dem Wurzelsinn des hebräischen Wortes nach die Ausstrahlung des inneren »Gewichts« eines Wesens, gehört hier auf die irdische Seite des Todes. Wenn ich mein Leben abgelebt habe, sagt der Sprecher unseres Psalmes zu Gott, werde ich in Kabod (»Ehre«, »Glorie«), in der Erfüllung meines Daseins, sterben.

Aus: »Recht und Unrecht«. Deutung einiger Psalmen (1950)

Du läßt uns heimkehren – Du rüstest den Tisch – Psalm 126/Psalm 23

Ein Aufstiegsgesang

18. JUNI

Wenn ER kehren läßt die Heimkehrerschaft Zions,
werden wie Träumende wir./
Lachens voll ist dann unser Mund,
unsere Zunge Jubels./
Lasse, DU, uns Wiederkehr kehren
wie den Bachbetten im Südgau./

19. JUNI

Die nun säen in Tränen,
in Jubel werden sie ernten./
Er geht und weint im Gehen,
der austrägt den Samenwurf.
Im Jubel kommt einst, kommt,
der einträgt seine Garben./

Aus Psalm 126,1-6

Ein Harfenlied Davids

20. JUNI

ER ist mein Hirt, mir mangelt's nicht./
Auf Grastriften lagert er mich.
Zu Wassern der Ruh führt er mich./

21. JUNI

Die Seele mir bringt er zurück.
Er leitet mich in wahrhaftigen Gleisen
um seines Namens willen./

Auch wenn ich gehen muß
durch die Todschattenschlucht,
fürchte ich nichts Böses,
denn DU bist bei mir.
Dein Stab, deine Stütze,
die trösten mich./

22. Juni

DU rüstest den Tisch mir
meinen Drängern zugegen,
streichst das Haupt mir mit Öl,
mein Kelch ist Genügen./

23. Juni

Nur Gutes und Holdes verfolgen mich nun
alle Tage meines Lebens.
Ich kehre zurück zu DEINEM Haus
für die Länge der Tage./

24. Juni

Psalm 23,1-6

Aus: »Das Buch der Preisungen«, die Schriftwerke (1962)

*O Glück des Menschen, der Weisheit fand – Gleichsprüche**

25. Juni

O Glück des Menschen, der Weisheit fand,
des Menschen, der sich Verständnis bescherte.

Gleichsprüche 2,13

26. Juni

Höre, mein Sohn, meine Rede nimm an,
und dir werden sein viele Jahre des Lebens.

Gleichsprüche 4,10

Über alle Hut wahre dein Herz,
denn aus ihm ist das Entspringen des Lebens.

Gleichsprüche 4,23

27. Juni

Tiefe Wasser sind manches Munds Reden,
ein sprudelnder Bach, ein Born der Weisheit.

Gleichsprüche 17,4

Tod und Leben sind in der Macht der Sprache.

Gleichsprüche 18,21

28. Juni

Ein hörendes Ohr, ein sehendes Auge,
ER hat sie beide zumal gemacht.

Gleichsprüche 20,12

29. Juni

Hungert deinen Hasser, speise ihn mit Brot.
Dürstet ihn, tränke ihn mit Wasser.

Gleichsprüche 25,21

* »Sprichwörter«

30. Juni

Öffne deinen Mund für den Stummen
um die Sache aller Kinder der Vergänglichkeit.

Gleichsprüche 31,8

1. Juli

Wie im Wasser das Angesicht entgegen dem Angesicht,
so das Herz des Menschen entgegen dem Menschen.

Gleichsprüche 27,19

Aus: »Das Buch der Gleichsprüche«, die Schriftwerke (1962)

Die »Sprache« des Tieres

2. JULI Die Augen des Tieres haben das Vermögen einer großen Sprache. Selbständig, ohne einer Mitwirkung von Lauten und Gebärden zu bedürfen, am wortmächtigsten, wenn sie ganz in ihrem Blick ruhen, sprechen sie das Geheimnis in seiner naturhaften Einriegelung, das ist in der Bangigkeit des Werdens, aus.

3. JULI Diesen Stand des Geheimnisses kennt nur das Tier; nur es kann ihn uns eröffnen – der sich eben nur eröffnen, nicht offenbaren läßt. Die Sprache, in der es geschieht, ist, was sie sagt: Bangigkeit – die Regung der Kreatur zwischen den Reichen der pflanzenhaften Sicherung und des geistigen Wagnisses.

4. JULI Diese Sprache ist das Stammeln der Natur unter dem ersten Griff des Geistes, ehe sie sich ihm zu seinem kosmischen Wagnis, das wir Mensch nennen, ergibt. Aber kein Reden wird je wiederholen, was das Stammeln mitzuteilen weiß.

5. JULI Ich sehe zuweilen in die Augen einer Hauskatze. Das domestizierte Tier hat nicht etwa von uns, die wir es uns zuweilen einbilden, die Gabe des wahrhaft »sprechenden« Blickes empfangen, sondern nur – um den Preis der elementaren Unbefangenheit – die Befähigung, ihn uns Un-Tieren (Nichttieren) zuzuwenden.

6. JULI

Wobei nun aber in den »sprechenden« Blick des domestizierten Tiers, in seine Morgendämmerung und noch in seinen Aufgang, ein Etwas aus Staunen und Frage gekommen ist, das dem ursprünglichen, in all seiner Bangigkeit, doch wohl gänzlich fehlt.

7. JULI

Diese Katze begann ihren Blick unbestreitbar damit, mich mit dem unter dem Anhauch meines Blicks Aufglimmenden zu fragen: »Kann das sein, daß du mich meinst? Willst du wirklich nicht bloß, daß ich dir Späße vormache? Gehe ich dich an? Bin ich dir da? Bin ich da? Was ist das da von dir her? Was ist das da um mich her? Was ist das an mir? Was ist das?!« (»Ich« ist hier eine Umschreibung für ein Wort der ichlosen Selbstbezeichnung, das wir nicht haben). Da war der Blick des Tiers, die Sprache der Bangigkeit, groß aufgegangen – und da ging er schon unter.

8. JULI

Ich konnte mich immerhin noch darauf besinnen; das Tier aber war aus dem Stammeln seines Blicks in die sprachlose, fast gedächtnislose Bangigkeit zurückgesunken. Wie ist es doch mächtig, das Kontinuum der Es-Welt, und wie zart die Erscheinungen des Du!

Aus: »Ich und Du« (1923)

Der Baum

9. JULI Ich betrachte einen Baum. Ich kann ihn als Bild aufnehmen: starrender Pfeiler im Anprall des Lichts, oder das spritzende Grün, von der Sanftmut des blauen Grundsilbers durchflossen. Ich kann ihn als Bewegung verspüren: das flutende Geäder am heftenden und strebenden Kern, Saugen der Wurzeln, Atmen der Blätter, unendlicher Verkehr mit Erde und Luft – und das dunkle Wachsen selber.

10. JULI Ich kann die Diesmaligkeit und Geformtheit des Baumes so hart überwinden, daß ich ihn nur noch als Ausdruck des Gesetzes erkenne – der Gesetze, nach denen ein stetes Gegeneinander von Kräften sich stetig schlichtet, oder der Gesetze, nach denen sich Stoffe mischen und entmischen.

11. JULI Ich kann den Baum zur Zahl, zum reinen Zahlenverhältnis verflüchtigen und verewigen. In all dem bleibt der Baum mein Gegenstand und hat seinen Platz und seine Frist, seine Art und Beschaffenheit.

12. JULI Es kann aber auch geschehen, aus Wille und Gnade in einem, daß ich, den Baum betrachtend, in die Beziehung zu ihm eingefaßt werde; und nun ist er kein Es mehr. Die Macht der Ausschließlichkeit hat mich ergriffen.

13. Juli

Dazu tut nicht not, daß ich auf irgendeine der Weisen meiner Betrachtung verzichte. Es gibt nichts, wovon ich absehen müßte, um zu sehen, und kein Wissen, das ich zu vergessen hätte. Vielmehr ist alles, Bild und Bewegung, Gattung und Exemplar, Gesetz und Zahl, mit darin, ununterscheidbar vereinigt. Alles, was dem Baum zugehört, ist mit darin, seine Form und seine Mechanik, seine Farben und seine Chemie, seine Unterredung mit den Elementen und seine Unterredung mit den Gestirnen, und alles in einer Ganzheit.

14. Juli

Kein Eindruck ist der Baum, kein Spiel meiner Vorstellung, kein Stimmungswert, sondern er leibt mir gegenüber und hat mit mir zu schaffen, wie ich mit ihm – nur anders. – Man suche den Sinn der Beziehung nicht zu entkräften: Beziehung ist Gegenseitigkeit.

15. Juli

So hätte er denn ein Bewußtsein, der Baum, dem unsern ähnlich? – Ich erfahre es nicht. Aber wollt ihr wieder, weil es euch an euch geglückt scheint, das Unzerlegbare zerlegen? Mir begegnet keine Seele des Baums und keine Dryade (Baumnymphe), sondern er selber.

Aus: »Ich und Du« (1923)

Das Werden des Menschen

16. Juli Das vorgeburtliche Leben des Kindes ist eine rein naturhafte Verbundenheit, Zueinanderfließen, leibliche Wechselwirkung; wobei der Lebenshorizont des werdenden Wesens in einzigartiger Weise in den des tragenden eingezeichnet und doch auch wieder nicht eingezeichnet erscheint; denn es ruht nicht im Schoß der Menschenmutter allein.

17. Juli Diese Verbundenheit ist so welthaft, daß es wie das unvollkommene Ablesen einer urzeitlichen Inschrift anmutet, wenn es in der jüdischen Mythensprache heißt, im Mutterleib wisse der Mensch das All, in der Geburt vergesse er es.

18. Juli Jedes werdende Menschenkind ruht, wie alles werdende Wesen, im Schoß der großen Mutter: der ungeschieden vorgestaltigen Urwelt.

19. Juli Von der ungeschieden vorgestaltigen Urwelt löst sich das Kind ins persönliche Leben, und nur noch in den dunklen Stunden, da wir diesem entgleiten (das widerfährt freilich auch dem Erwachsenen Nacht um Nacht), sind wir ihr wieder nah.

20. JULI

Aber jene Ablösung geschieht nicht, wie die von der leiblichen Mutter, plötzlich und katastrophal; es ist dem Menschenkind Frist gewährt, für die verlorengehende naturhafte Verbundenheit mit der Welt geisthafte, das ist Beziehung, einzutauschen.

21. JULI

Das Kind ist aus der glühenden Finsternis des Chaos in die kühle lichte Schöpfung getreten, aber es hat diese noch nicht; es muß sie erst recht eigentlich herausholen und sich zur Wirklichkeit machen; es muß sich seine Welt erschauen, erhorchen, ertasten, erbilden.

22. JULI

Die Schöpfung offenbart ihre Gestaltigkeit in der Begegnung. Die Entwicklung der Seele im Kinde hängt unauflösbar zusammen mit der des Verlangens nach dem Du, den Erfüllungen und Enttäuschungen dieses Verlangens. Der Mensch wird am Du zum Ich. Gegenüber kommt und entschwindet; Beziehungsereignisse verdichten sich und zerstieben; und im Wechsel klärt sich, von Mal zu Mal wachsend, das Ich-Bewußtsein.

Aus: »Ich und Du« (1923)

Die Ehe

23. JULI Wer eine Ehe »eingegangen« ist, wer in die Ehe eingegangen ist, hat in der Intention des sacramentum damit Ernst gemacht, daß der Andere *ist*: daß ich am Seienden nicht rechtmäßig teilnehmen kann, ohne am Sein des Andern teilzunehmen ...

24 JULI ... daß ich auf die lebenslange Anrede Gottes an mich nicht antworten kann, ohne für den Andern mitzuantworten, daß ich mich nicht *ver*antworten kann, ohne den Andern mit zu verantworten, als den, der mir anvertraut ist.

25. JULI Die Ehe ist die exemplarische Bindung. Sie trägt uns in die große Gebundenheit; und nur als Gebundene können wir in die Freiheit der Kinder Gottes gelangen.

26. JULI Dieser Mensch ist anders, wesenhaft anders als ich, und diese seine Andersheit meine ich, weil ich ihn meine, ich bestätige sie, ich will sein Anderssein, weil ich sein Sosein will; das ist der Grund-Satz der Ehe. Und von diesem Grunde aus führt sie, gerade, wenn sie wirklich ist, zur Einsicht in das Recht und die Rechtmäßigkeit des Andersseins.

27. JULI Daß der (Andere) nicht bloß ein andres Gemüt, eine andre Denkweise, eine andre Gesinnung und eine andre Haltung, sondern auch eine andre Weltwahrnehmung, eine andre Erkenntnis, eine andre Sinnhaftigkeit, ein andres Berührtsein vom Sein her, einen andern Glauben, einen andern Boden hat: das alles noch mitten in den harten Konfliktsituationen und ohne ihren Wirklichkeitsernst aufzuweichen, *bejahen*, es geschöpflich bejahen, dies ist es, wodurch wir in diesem weiten uns mitanvertrauten Bereich als Helfer amten dürfen und von wo allein uns je und je erlaubt ist, in unserm Bedenken des Andern an seine »Wahrheit« oder »Unwahrheit«, seine »Treue« oder »Untreue«, seine »Gerechtigkeit« oder »Ungerechtigkeit« in Demut und redlicher Erforschung zu rühren.

Aus: »Die Frage an den Einzelnen« (1936)

28. Juli

Weißt du es noch, wie wir in jungen Jahren
mitsammen sind auf diesem Meer gefahren?
Gesichte kamen, groß und wunderlich,
wir schauten miteinander, du und ich.
Wie fügte sich im Herzen Bild zu Bildern!
Wie stieg ein gegenseitig reges Schildern
draus auf und lebte zwischen dir und mir!
Wir waren dort und waren doch ganz hier
und ganz beisammen, streifend und gegründet.

29. Juli

So ward die Stimme wach, die seither kündet
und alte Herrlichkeit bezeugt als neu,
sich selbst und dir und dem Mitsammen treu.
Nimm denn auch dieses Zeugnis in die Hände,
es ist ein Ende und hat doch kein Ende,
dein Ewiges hört ihm und hört uns zu,
wie wir aus ihm ertönen, ich und du.

Das Gedicht schrieb Buber 1949 seiner Frau Paula in ihr Exemplar der »Erzählungen der Chassidim«.

31. Woche / im Juli/August

Hier, wo man steht

30. Juli Es gibt etwas, was man an einem einzigen Ort in der Welt finden kann. Es ist ein großer Schatz, man kann ihn die Erfüllung des Daseins nennen. Und der Ort, an dem dieser Schatz zu finden ist, ist der Ort, wo man steht.

31. Juli Die Umwelt, die ich als die natürliche empfinde, die Situation, die mir schicksalhaft zugeteilt ist, was mir Tag um Tag begegnet, was mich Tag um Tag anfordert – hier ist meine wesentliche Aufgabe und hier die Erfüllung des Daseins, die mir offen steht.

1. August Von einem talmudischen Lehrmeister ist überliefert, die Bahnen des Himmels seien ihm erhellt gewesen, wie die Straßen seiner Heimatstadt Nehardea. Der Chassidismus kehrt den Spruch um: Größer ist es, wenn einem die Straßen der Heimatstadt erhellt sind, wie die Bahnen des Himmels. Denn hier, wo wir stehen, gilt es, das verborgene göttliche Leben aufleuchten zu lassen.

2. August Und hätten wir Macht über die Enden der Erde, wir würden an erfülltem Dasein nicht erlangen, was uns die stille hingegebene Beziehung zur lebendigen Nähe geben kann.

3. AUGUST

Und wüßten wir um die Geheimnisse der oberen Welten, wir hätten nicht soviel Anteil am wahren Dasein, als wenn wir im Gang unsres Alltags ein uns obliegendes Werk mit heiliger Intention verrichten. Unterm Herd unsres Hauses ist unser Schatz vergraben.

4. AUGUST

Manche Religionen sprechen unserem Aufenthalt auf Erden den Charakter des wahren Lebens ab ... Anders das Judentum. Was ein Mensch hier und jetzt in Heiligkeit tut, ist nicht weniger wichtig, nicht weniger wahr als das Leben der kommenden Welt. Diese Lehre hat im Chassidismus die stärkste Ausgestaltung gefunden.

5. AUGUST

Rabbi Chanoch von Alexander sprach: »Auch die Völker der Erde glauben, daß zwei Welten sind. ›In jener Welt‹, sagen sie. Der Unterschied ist dies: Sie meinen, die zwei seien voneinander abgehoben und abgeschnitten. Israel aber bekennt, daß beide Welten in Wahrheit eine sind und in aller Wirklichkeit eine werden sollen.«

Aus: »Der Weg des Menschen nach der chassidischen Lehre« (1948)

Die eine Welt

6. AUGUST In ihrer innersten Wahrheit sind beide Welten eine einzige. Sie sind nur gleichsam auseinandergetreten. Aber sie sollen wieder die Einheit werden, die sie in ihrer innersten Wahrheit sind. Und dazu ist der Mensch erschaffen, daß er die beiden Welten eine. Er wirkt an dieser Einheit durch ein heiliges Leben mit der Welt, in die er gestellt ist, an dem Orte, an dem er steht.

7. AUGUST Man sprach einmal vor Rabbi Pinchas von Korez von dem großen Elend der Bedürftigen. In Gram versunken hörte er zu. Dann hob er den Kopf. »Laßt uns«, rief er, »Gott in die Welt ziehen, und alles wird gestillt sein.«

8. AUGUST Aber kann man denn das, Gott in die Welt ziehen? Ist das nicht eine überhebliche und vermessene Vorstellung? Wie wagt der Erdenwurm daran zu rühren, was einzig in Gottes Gnade ruht: wieviel von sich ER seiner Schöpfung vergönnt?

9. AUGUST Wieder steht hier jüdische Lehre denen anderer Religionen entgegen und wieder am tiefsten ausgeprägt im Chassidismus. Eben dies, so glauben wir, ist Gottes Gnade, daß er sich vom Menschen gewinnen lassen will, daß er sich ihm gleichsam in die Hände gibt.

10. AUGUST

Gott will zu seiner Welt kommen. Aber er will zu ihr durch den Menschen kommen. Dies ist das Mysterium unseres Daseins, die übermenschliche Chance des Menschengeschlechts.

11. AUGUST

Rabbi Mendel von Kozk überraschte einst einige gelehrte Männer, die bei ihm zu Gast waren, mit der Frage: »Wo wohnt Gott?« Sie lachten über ihn: »Wie redet ihr! Ist doch die Welt seiner Herrlichkeit voll!« Er aber beantwortete die eigene Frage: »Gott wohnt, wo man ihn einläßt.«

12. AUGUST

Das ist es, worauf es letzten Endes ankommt: Gott einlassen. Man kann ihn aber nur da einlassen, wo man steht, wo man wirklich steht, da wo man lebt, wo man ein wahres Leben lebt. Pflegen wir heiligen Umgang mit der uns anvertrauten kleinen Welt (...), dann stiften wir an diesem unseren Ort eine Stätte für Gottes Einwohnung, dann lassen wir Gott ein.

Aus: »Der Weg des Menschen nach der chassidischen Lehre« (1948)

Nicht deiner Seelen Seligkeit

13. AUGUST Du sollst dich nicht immerzu mit dem quälen, was du falsch gemacht hast, sondern die Seelenkraft, die du auf solche Selbstvorwürfe verwendest, sollst du der Tätigkeit an der Welt zuwenden, für die du bestimmt bist. Nicht mir dir sollst du dich befassen, sondern mit der Welt.

14. AUGUST Unrechtes hast du getan? Tue Rechtes ihm entgegen!

15. AUGUST Was willst du? Rühr' her den Kot, rühr' hin den Kot, bleibt's doch immer Kot. Ja gesündigt, nicht gesündigt, was hat man im Himmel davon? In der Zeit, wo ich darüber grüble, kann ich doch Perlen reihen, dem Himmel zur Freude.

16. AUGUST Dies ist ja einer der Hauptpunkte, an denen sich das Christentum vom Judentum geschieden hat: daß es für jeden Menschen sein eignes Seelenheil zum höchsten Ziele machte. Für das Judentum ist jede menschliche Seele ein dienendes Glied in der Schöpfung Gottes, die durch das Werk des Menschen zum Reiche Gottes werden soll.

17. AUGUST

So ist denn keiner Seele ein Ziel in ihr selbst, in ihrem eigenen Heil gesetzt. Wohl soll jede sich erkennen, sich läutern, sich vollenden, aber nicht um ihrer selbst willen; wie nicht um ihres irdischen Glücks, so auch nicht um ihrer himmlischen Seligkeit willen, sondern um des Werks willen, das sie an der Welt Gottes vollbringen soll.

18. AUGUST

Man soll sich vergessen und die Welt im Sinn haben.

19. AUGUST

Nach Rabbi Bunams Tod sagte einer seiner Schüler: »Rabbi Bunam hatte die Schlüssel aller Firmamente.« Und warum auch nicht? Der Mensch, der nicht sich meint, dem gibt man alle Schlüssel.

Aus: »Der Weg des Menschen nach der chassidischen Lehre« (1948)

Umkehr

20. AUGUST Das Anfangen des Menschen bekundet sich am stärksten im Vorgang der Umkehr.

21. AUGUST Man sagt gewöhnlich »Buße«, aber das ist eine irreführende Psychologisierung. Man tut besser, das Wort in seiner ursprünglich-sinnlichen Bedeutung zu fassen. Was mit ihm gemeint ist, begibt sich nicht an der Innerlichkeit der Seele (...), es begibt sich unmittelbar in der Wirklichkeit zwischen Mensch und Gott.

22. AUGUST Die Umkehr ist so wenig ein »seelisches« Ereignis wie Geburt und Tod des Menschen; sie geschieht *an* der ganzen Person, *mit* der ganzen Person. Sie geschieht in der schlichten Realität der Ur-Gegenseitigkeit.

23. AUGUST Die Umkehr ist nicht Rückkehr zu einem früheren »sündenfreien« Zustand, sondern sie ist Wesensumschwung – das im Umschwung Hingetragenwerden auf den Weg Gottes.

24. AUGUST Wer umkehrt, gerät in die Wesensspur des lebendigen Gottes.

25. AUGUST

In der Umkehr ersteht der Mensch neu als Gottes Kind.

26. AUGUST

Die Umkehr ist eine menschliche Tatsache, aber sie ist auch eine weltumgreifende Macht.

Aus: »Der Glaube des Judentums« (1928)

Judentum und Christentum

Aus einem Gedankenaustausch zwischen Martin Buber und dem Schweizer Theologen des religiösen Sozialismus Leonhard Ragaz*:

27. AUGUST Die Gegenstände, von denen ich mit Ihnen sprechen möchte, sind die uns vor allem gemeinsamen: der eine übergroße, Zeit und Endzeit, und der andre, minder gewaltige und doch kaum zu umfassende: Judentum und Christentum. Es geht mir darum, ernstlich zu erfahren, wie weit die Gemeinsamkeit geht, und ob da, wo sie aufhört, nur die persönliche (schicksalhafte, historische) Verschiedenheit (die verschiedene »Determination«) oder die Wahrheitsfrage selber regiert.

Buber an Ragaz, 1.2.1923

* »Dem Geiste des Freundes Leonhard Ragaz sage ich Dank für eine Freundschaft, in der sich seine urtreue Freundschaft zu Israel aussprach. Er hat das wahre Gesicht Israels gesehen, auch noch, als die politischen Verstrickungen begonnen hatten, es der Welt unkenntlich zu machen; und er hat Israel geliebt. Er ahnte ein künftiges, noch unvorstellbares Einvernehmen zwischen der Kerngemeinschaft Israels und einer wahren Jesusgemeinde, das weder auf jüdischem, noch auf christlichem Boden, wohl aber auf dem jener Jesus mit den Propheten gemeinsamen Botschaft von der Umkehr des Menschen und dem Königtum Gottes entstehen würde. Sein immer neu, brieflich und im schweigenden Dasein wiederaufgenommener Dialog mit mir war ihm der vorbereitende Dialog zwischen jenen beiden.«

Martin Buber 1950 im Vorwort zu »Zwei Glaubensweisen«

28. August

Wie ich über Judentum und Christentum denke, wissen Sie ungefähr. Ich könnte mich insofern beinahe ebensogut Jude nennen als Christ. Nur räume ich dem Christentum eine selbständigere Rolle ein als Sie, was Sie ja gewiß begreifen.

Ragaz an Buber, 26.2.1941

29. August

Das Wesentliche ist, daß Sie *Israels* Superiorität über Judentum wie Christentum anerkennen. Das ist ein gemeinsamer Boden tragfähiger Art. Was meine Zukunftsperspektive betrifft, so ist sie bezeichnet durch den Blick auf einen Christus (Messias), der das, was davon in Judentum und Christentum als Wirklichkeit und Hoffnung vorhanden ist, erfüllt und überbietet, jedenfalls aber so, daß das Judentum darin seine eigene Erfüllung findet.

Ragaz an Buber, 19.11.1943

30. August

Ich sehe (...) Jesus auf der Linie der Propheten, sie abschließend und weiterführend, sehe auch Paulus auf dieser Linie, sehe die Geschichte sich zu dem Gegensatz Israel und die Völkerwelt vereinfachen und sehe Christentum und Judentum als die beiden Konfessionen Israels, jede mit ihrem besonderen Rechte, aber beide bestimmt, sich in Israel aufzulösen.

Ebd.

31. AUGUST Wir treffen darin zusammen, daß wir beide zu den Quellen zurückkehren. Dort treffen wir, d.h. die beiden »Konfessionen« uns eines Tages, oder dort sind wir im Grunde schon jetzt beieinander. Ich betrachte Sie als den wesentlichen Beitrag auf dies Ziel hin von der Seite der andern Konfession und als wesentliche Bürgschaft dafür, daß diese Entwicklung ein Ganzes ist.

Ragaz an Buber, 8.10.1945

1. SEPTEMBER Seit ich in Jerusalem bin, lieber verehrter Herr Ragaz, muß ich noch öfter und stärker an Sie denken. Zwar gibt es in dieser Stadt kaum eine wirkliche Beziehung zwischen Christentum und Judentum, aber die Tiefe der Zeiten ist mächtiger als die Fläche der Zeit. Und wenn ich vom Skopusberg, auf dem ich zu lehren habe, niederblicke, sehe ich meinen David, den Sünder und Sänger, neben Ihrem David-Sohn, dem sündenfreien Gleichnisredner, wahrhaft väterlich einhergehen, den starken Arm leicht um die Schultern des Jünglings gelegt.

Martin Buber zum 70. Geburtstag von Leonhard Ragaz, 28.7.1938

2. SEPTEMBER

Was ist da noch »Judentum«, was »Christentum«? Dort und hier ist Jehuda, hier und dort ist christós, und wirklich ist kein -tum, aber die Stadt ist wirklich und die umschlungen wandelnden Zeiten in ihr, und (...) Jerusalem ist Ihnen wie mir gegeben, uns beiden gegeben, genommen und gegeben.

Ebd.

Aus: »Briefwechsel aus sieben Jahrzehnten«, Bd. II/III (1972/73)

Kirche – Israel

3. SEPTEMBER Ich lebe nicht fern von der Stadt Worms, an die mich auch eine Tradition meiner Ahnen bindet; und ich fahre von Zeit zu Zeit hinüber. Wenn ich hinüberfahre, gehe ich immer zuerst zum Dom. Das ist eine sichtbar gewordene Harmonie der Glieder, eine Ganzheit, in der kein Teil aus der Vollkommenheit wankt. Ich umwandle schauend den Dom mit einer vollkommenen Freude.

4. SEPTEMBER Dann gehe ich zum jüdischen Friedhof hinüber. Der besteht aus schiefen, zerspellten, formlosen, richtungslosen Steinen. Ich stelle mich darein, blicke von diesem Friedhofgewirr zu der herrlichen Harmonie empor, und mir ist, als sähe ich von Israel zur Kirche auf.

5. SEPTEMBER Da unten hat man nicht ein Quentchen Gestalt. Man hat nur die Steine und die Asche unter den Steinen. Man hat die Asche, auch wenn sie sich noch so verflüchtigt hat.

6. SEPTEMBER Man hat die Leiblichkeit der Menschen, die dazu geworden sind. Man hat sie. Ich habe sie. Ich habe sie nicht als Leiblichkeit im Raum dieses Planeten, aber als Leiblichkeit meiner eigenen Erinnerung bis in die Tiefe der Geschichte, bis an den Sinai hin.

7. September

Ich habe da gestanden, war verbunden mit der Asche und quer durch sie mit den Urvätern. Das ist Erinnerung an das Geschehen mit Gott, die allen Juden gegeben ist. Davon kann mich die Vollkommenheit des christlichen Gottesraumes nicht abbringen, nichts kann mich abbringen von der Gotteszeit Israels.

8. September

Ich habe da gestanden und habe alles selber erfahren. Mir ist all der Tod widerfahren: all die Asche, all die Zerspelltheit, all der lautlose Jammer ist mein; aber der Bund ist mir nicht aufgekündigt worden. Ich liege am Boden, hingestürzt wie die Steine. Aber aufgekündigt ist mir nicht.

9. September

Der Dom ist, wie er ist. Der Friedhof ist, wie er ist. Aber aufgekündigt ist uns nicht worden.

Aus dem »Zwiegespräch mit Karl Ludwig Schmidt im Jüdischen Lehrhaus in Stuttgart« (1933)

Jesus, der Jude

10. SEPTEMBER Eines zentralen Juden muß ich gedenken, in dem sich der jüdische Verwirklichungswille sammelte und durch den er sich brach.

11. SEPTEMBER Es ist urjüdischer Geist der wahren Gemeinschaft, wenn er lehrt, wo zwei auf Erden eins würden, könnten sie alles von Gott erlangen; wenn er lehrt, wer seine Hand an den Pflug gelegt habe und zurückblicke, tauge nicht zum Reich Gottes.

12. SEPTEMBER Was er das Reich Gottes nennt, das ist – mag es noch so sehr vom Gefühl des Weltendes und der wunderbaren Verwandlung bestimmt sein – doch keine jenseitige Tröstung, keine vage himmlische Seligkeit; es ist auch keine geistliche oder kultische Vereinigung, keine Kirche; es ist das vollkommene Zusammenleben der Menschen; es ist die wahre Gemeinschaft, die eben dadurch die unmittelbare Herrschaft Gottes, seine Basileia, sein irdisches Königtum ist.

13. SEPTEMBER Das Reich Gottes ist die kommende Gemeinschaft, in der alle, die da hungert und dürstet nach der Gerechtigkeit, satt werden, und die nicht aus göttlicher Gnade allein, sondern nur aus ihrem Zusammenwirken mit dem Menschenwillen, aus der geheimnisvollen Verbindung beider hervorgehen kann.

14. SEPTEMBER

Jesus will – worin immer sonst er sich von der überlieferten Lehre scheiden mag – wie die Propheten Israels die Gesellschaft nicht aufheben, sondern erfüllen.

15. SEPTEMBER

Er will die weltliche Gemeinde nicht fliehen, sondern sie in Wahrheit als die *wahre* geistliche aufbauen.

16. SEPTEMBER

Dies, daß Gott in der Welt und Weltlichkeit durch deren glühende Reinigung und bildnerische Vollendung verwirklicht werden will, daß die Welt das verwüstete Haus ist, das für den Geist gerichtet werden soll, und daß, solange dies nicht geschehen ist, der Geist nicht hat, wo er sein Haupt hinlege, dieses abgründige Wissen ist Jesu tiefstes Judentum.

Aus: »Der heilige Weg« (1919)

Jesus – Ruf in die Königsherrschaft Gottes

17. SEPTEMBER Jesus habe ich von Jugend auf als meinen großen Bruder empfunden. Daß die Christenheit ihn als Gott und Erlöser angesehen hat und ansieht, ist mir immer als eine Tatsache von höchstem Ernst erschienen, die ich um seinet- und um meinetwillen zu begreifen suchen muß.

18. SEPTEMBER Gewisser als je ist es mir, daß ihm ein großer Platz in der Glaubensgeschichte Israels zukommt und daß dieser Platz durch keine der üblichen Kategorien umschrieben werden kann.

Aus: »Zwei Glaubensweisen« (Vorwort zur Erstausgabe, 1950)

19. SEPTEMBER Nach dem Bericht des Matthäusevangeliums ist der Grundspruch der frühesten Predigt Jesu in Galiläa mit dem identisch gewesen, mit dem nach demselben Evangelium vorher der Täufer in der jüdäischen Wüste jeweils eine Taufhandlung, wohl auch die an Jesus vollzogene, begonnen hatte: »Kehret um, denn die Königsherrschaft Gottes ist genaht.«

20. SEPTEMBER Bei Markus hingegen, bei dem der Spruch des Täufers fehlt, lautet der Grundspruch der galiläischen Predigt Jesu, darin wir nun (...) einen pneumatisch einherbrausenden Rhythmus vernehmen: »Erfüllt ist die gesetzte Zeit und genaht die Königsherrschaft Gottes. Kehret um und glaubet an die Botschaft.«

21. SEPTEMBER

Nicht mehr seinem Wort Glauben zu schenken, ruft der Prediger seine Hörer auf: es geht um den zentralen Gehalt der Botschaft selber: Die äonenhaft vorbestimmte Stunde ist gekommen, da die von Urbeginn bestehende, aber bisher latente Königsherrschaft Gottes über seine Welt ihr naht, um sich, wenn sie von ihr ergriffen wird, an ihr zu erfüllen.

22. SEPTEMBER

Um sie ergreifen zu können, kehre, hörender Mensch, von deinen Irrgängen zum Wege Gottes um, gehe in die Gemeinschaft mit ihm ein, in der die Allmöglichkeit waltet, und ergib dich seiner Macht.

23. SEPTEMBER

Der Ruf, »zu Gott« oder »bis zu Gott« umzukehren, ist das elementare Wort des israelitischen Propheten. Die Menschen, die die Umkehr »mit ihrem ganzen Herzen und mit ihrem ganzen Lebensgeist« (1. Könige 8,48) entworfen haben, erkennen und bekennen, zu ihrem Vollzug der Gnade ihres Herrn zu bedürfen.

Aus: »Zwei Glaubensweisen« (1950)

Das Vaterunser – Beten, Bitten, Umkehr

24. September Wenn es Jesus ist, der seine Jünger so beten lehrt, spricht er aus ihrer Lage und aus ihrer Seele, zugleich aber aus der Tiefe jüdischer Gebetsüberliefe-rung.

25. September Die kleine Gemeinschaft, die mit ihrem Meister über das galiläische Land wandert, ist von allen wirtschaftlichen Sicherungen losgemacht und ganz auf Gott geworfen, der sie von den ihnen wohlgesinnten Teilen des Landvolkes wird ernähren lassen. Daß er ihnen helfe, die benötigte Tagesration zu erhalten, bitten sie zunächst, um weiterwandern und dienen zu können.

26. September Nun aber, nach dieser unerläßlichen Vorbitte, sprechen sie die eigentliche persönliche Bitte aus. Um Vergebung der Sünden bitten sie.

27. September Sünde ist der jüdischen Lehre nach die Verstörung des Grundverhältnisses zwischen Gott und Mensch durch den Menschen, indem dieser durch sie zu einem mit dem Geschöpf Gottes nicht mehr identischen Wesen wird. Vergebung ist die Wiederherstellung des Grundverhältnisses durch Gott, nachdem der Mensch durch die Umkehr wieder in den Stand seiner Geschöpflichkeit eingetreten ist.

28. SEPTEMBER

Daß der Mensch sündigt, gehört zu seiner Situation. Daß er umkehrt, zum Standhalten in ihr. Keiner aber geht zur Umkehr aus, dem nicht die Gnade schon entgegenkäme, und »wer sich zu reinigen kommt, dem steht man bei«. – »Die Tore des Gebets werden nie geschlossen«, oder wie Jesus es ausdrückt: »Klopfet an, so wird euch aufgetan.« Denn Gott spricht: »Ich weise kein Geschöpf zurück, keinen, der mir in der Umkehr sein Herz gab.«

29. SEPTEMBER

Im Matthäus-Evangelium ist das »Unser-Vater-Gebet« in die »Bergpredigt« eingefügt. Wir hören Sprüche über das Beten, von denen der letzte (6,8) immer wieder durch seinen echten, ganz »mündlichen« Klang überrascht: »Denn euer Vater weiß, wessen ihr bedürfet, bevor ihr ihn bittet.«

30. SEPTEMBER

Dies ist eins der wichtigsten Menschenworte über das Gebet als Kernstück der Unmittelbarkeit zu Gott. Gott braucht nicht zu hören, um zu »erhören«, d.h. um dem Menschen zu geben, wessen er wirklich bedarf; aber er will, daß der Mensch sich zu ihm und an ihn in solcher Unmittelbarkeit wende.

Aus: »Zwei Glaubensweisen« (1950)

Der Trieb

1. OKTOBER Es gibt kein Ding, das böse und der Liebe unwürdig wäre. Auch die Triebe des Menschen sind nicht böse. Je größer ein Mensch, desto größer ist sein Trieb.

2. OKTOBER Aber der Reine und Geheiligte macht aus seinem Triebe einen »Wagen für Gott«. Er löst ihn von aller Schale ab und läßt seine Seele sich darin vollenden.

3. OKTOBER Der Mensch soll seine Triebe in ihren Tiefen fühlen und besitzen. Er soll den Stolz lernen und nicht stolz sein; er soll den Zorn kennen und nicht zürnen.

4. OKTOBER Der Mensch vermag sich mit allen Wonnen zu kasteien. Er vermag zu blicken, nach welchem Orte er will, und sich nicht über seine vier Ellen hinaus zu verlieren.

5. OKTOBER Und so geschieht, daß der Mensch hier sitzt, und sein Herz ist oben. Er ißt und vergnügt sich in dieser Welt und genießt (gleichzeitig) aus der Welt der geistigen Seligkeit.

6. OKTOBER Das Schicksal des Menschen ist nur der Ausdruck seiner Seele: wessen Gedanken an unreinen Dingen umherstreifen, der erlebt Unreines; wer sich ins Heilige versenkt, der erfährt das Heil.

7. OKTOBER

Des Menschen Denken ist sein Sein: wer an die obere Welt denkt, ist in ihr. Alles äußere Gesetz ist nur ein Aufstieg zum inneren. Der letzte Zweck des Einzelnen ist, selbst ein Gesetz zu werden. In Wahrheit ist die obere Welt kein Außen, sondern ein Innen; es ist »die Welt des Gedankens«.

Aus: Einführung in »Die Geschichten des Rabbi Nachman« (1906)

Die Schoah

8. Oktober Wer bin ich, daß ich mich vermessen könnte, hier zu »vergeben«.

9. Oktober Wenn ich an das deutsche Volk der Tage von Auschwitz und Treblinka denke, sehe ich zunächst die sehr vielen, die wußten, daß das Ungeheure geschah, und sich nicht auflehnten; aber mein der Schwäche des Menschen kundiges Herz weigert sich, meinen Nächsten deswegen zu verdammen, weil er es nicht über sich vermocht hat, Märtyrer zu werden.

10. Oktober Sodann taucht vor mir die Menge all derer auf, denen das der deutschen Öffentlichkeit Vorenthaltene unbekannt blieb, die auch nichts unternahmen, um zu erfahren, welche Wirklichkeit den umlaufenden Gerüchten entsprach; wenn ich diese Menge im Sinn habe, überkommt mich der Gedanke an die mir ebenfalls wohlbekannte Angst der menschlichen Kreatur vor einer Wahrheit, der sie nicht standhalten zu können fürchtet.

11. Oktober Zuletzt aber erscheinen mir die aus zuverlässigen Berichten an Angesicht, Haltung und Stimme wie Freunde vertraut Gewordenen, die sich weigerten, den Befehl auszuführen oder weiterzugeben und den Tod erlitten oder ihn sich gaben, oder die erfuhren, was geschah, und sich dagegen auflehnten und den Tod erlitten, oder die erfuhren, was geschah, und weil sie nichts dawider unternehmen konnten, sich den Tod gaben.

12. OKTOBER

Ich sehe diese Menschen ganz nah vor mir, in jener besonderen Intimität, die uns zuweilen mit Toten, und mit ihnen allein, verbindet; und nun herrscht in meinem Herzen die Ehrfurcht und die Liebe zu diesen deutschen Menschen.

13. OKTOBER

Jetzt aber nötigt mich etwas, aus der Erinnerung in die Gegenwart zu treten; und da umrauscht mich all die Jugend, die in der Zeit seit jenen Vorgängen herangewachsen ist und an den großen Verbrechen keinen Anteil hat. Diese Jugend, die heute doch wohl die eigentliche Lebendigkeit des deutschen Volkes ist, zeigt sich mir in einer gewaltigen inneren Dialektik ...

14. OKTOBER

Der Blick für die tiefere Wirklichkeit, für die wahre Not und Gefahr ist im Wachsen. In Deutschland, vornehmlich in der deutschen Jugend, trotz aller ihrer Zerrissenheit, habe ich mehr davon gefunden als sonstwo. Die Erinnerung an die zwölfjährige Herrschaft des homo contrahumanus hat hier den Geist wacher und des ihm als Geist aufgetragenen Werkes bewußter gemacht, als es vordem war.

Aus: »Das echte Gespräch und die Möglichkeiten des Friedens« – Friedenspreisrede (1953)

Der Große Friede

15. OKTOBER In ihren menschlichen Menschen müssen die Völker ins Gespräch kommen, wenn der Große Friede erscheinen und das verwüstete Leben der Erde erneuern soll.

16. OKTOBER Der Große Friede ist etwas wesensmäßig anderes als der Nichtkrieg.

17. OKTOBER Auf einem frühen Wandbild im Stadthaus von Siena sind die bürgerlichen Tugenden versammelt. Würdig und würdebewußt sitzen die Frauen da, bis auf eine in ihrer Mitte, die sie alle überragt, nicht Würde mehr, sondern gelassene Majestät. Drei Lettern melden ihren Namen: Pax!

18. OKTOBER Das ist der Große Friede, den ich meine. Sein Name bedeutet nicht, daß es ein Etwas, das man Krieg nennt, nicht mehr gibt, seit er waltet – das ist viel zu wenig, als daß man daraus diese Serenität verstehen könnte. Er bedeutet, daß es nun etwas gibt, wirklich gibt, das größer und mächtiger, noch größer und noch mächtiger ist als der Krieg.

19. OKTOBER

In den Krieg gehen die menschlichen Leidenschaften ein wie die Wasser ins Meer, und er schaltet mit ihnen. Aber in den Großen Frieden müßten sie eingehn wie die Erze ins Feuer, daß es sie schmelze und verwandle. Und nun würden die Menschenvölker in gewaltigerer Leidenschaft miteinander bauen, als sie je gegeneinander gefochten haben.

20. OKTOBER

Der sienesische Maler hat die hohe Pax nur in seinem Traum gesehen. Aus der geschichtlichen Wirklichkeit kannte er sie nicht, denn da ist sie noch niemals erschienen.

21. OKTOBER

Was man in der Geschichte Frieden nennt, ist ja nie etwas anderes gewesen als eine – angstvolle oder illusionsselige – Pause zwischen zwei Kriegen. Der weibliche Genius aber, den der Maler in seinem Traum sah, ist eine Herrin nicht der Unterbrechungen, sondern der neuen, der größeren Taten.

Aus: »Das echte Gespräch und die Möglichkeiten des Friedens« – Friedenspreisrede (1953)

Gläubiger Humanismus

22. OKTOBER Der gläubige Humanismus des Erasmus bedeutet die Verbindung zweier Prinzipien, die im Leben des Menschen nebeneinander walten, ohne einander zu berühren: die natürliche Menschlichkeit, in der der Mensch daheim ist und die er nur zu entfalten, nur auszubilden braucht, und die Gläubigkeit, in der er, vom Menschlichen sich gleichsam ablösend, sich Gott entgegenhebt.

23. OKTOBER Anders ist die Anschauung beschaffen, die man in *unserer Zeit* als einen gläubigen Humanismus bezeichnen darf und zu der ich mich bekenne. Hier erscheinen die Menschlichkeit und der Glaube nicht als zwei getrennte Bereiche, von denen jeder unter einem besonderen Zeichen und unter einem besonderen Gesetze steht: sie durchdringen einander, sie wirken zusammen, ja, sie sind so innig aufeinander bezogen, daß wir sagen dürfen: unser Glaube hat unsere Menschlichkeit zur Grundlage, und unsere Menschlichkeit hat unseren Glauben zur Grundlage.

24. OKTOBER In dieser neuen Antwort unseres Zeitalters auf die Frage nach dem humanum erscheint dieses also als die dem Menschen angeborene Eignung, in Begegnungen mit anderem Seienden einzutreten.

25. OKTOBER Von entscheidender Wichtigkeit für das Problem eines authentischen gläubigen Humanismus in unserer Zeit ist mithin die Erkenntnis, daß das wahre Humanum und die Glaubenserfahrung in demselben Boden der Begegnung wurzeln. Ja, die fundamentale Glaubenserfahrung selber darf als die höchste Steigerung der Wirklichkeit der Begegnung angesehen werden.

26. OKTOBER

Von hier aus bekommen wir einen modernen gläubigen Humanismus in den Blick ... Nun mag man meinem Gebrauch des Attributs »modern« entgegenhalten, daß gerade in unserer Zeit recht wenig von einem solchen gläubigen Humanismus zu spüren sei. Und in der Tat, es will scheinen, daß heute mehr als je ein Menschentypus überwiegt, der es vorzieht, die Wesen, die er auf seinem Lebensweg antrifft, zu beobachten und zu gebrauchen, statt ihnen Seele und Tat zuzuwenden.

27. OKTOBER

Aber gerade in diesem Heute ist eine gewaltige Erziehung zu einem neuen und echten gläubigen Humanismus erstanden. Ich meine die Krisis des Menschengeschlechts, die es mit dem Untergang bedroht. Ich meine die führungslos gewordene Technologie; die unbeschränkte Herrschaft der Mittel, die sich vor keinen Zielen mehr zu verantworten haben. Ich meine die willentliche Versklavung des Menschen in den Dienst des gespaltenen Atoms.

28. OKTOBER

In dem (...) heranwachsenden Geschlecht nehmen mehr und mehr Menschen wahr, was sich da bereitet. Ihre Tag um Tag zunehmende Wahrnehmung, die Erkenntnis der Krisis ruft in ihnen die einzige Gegenkraft auf, der es gelingen kann, wieder Ziele, große helle Ziele zu Herren über die aufrührerischen Mittel zu erheben. Diese Gegenkraft ist es, die ich den neuen gläubigen Humanismus nenne.

Aus: »Gläubiger Humanismus« (1963)

44. Woche / im Oktober/November

Das Gebet

29. Oktober Das Leben des Menschen ist in jedem Punkte und in jeder Tätigkeit dem Absoluten geöffnet. Und so soll er es auch in Weihe leben.

30. Oktober Jeder Morgen ist eine neue Berufung. Der Mensch erhebe sich eilend und in Eifer von seinem Schlafe, denn er ist geheiligt und ein anderer Mensch geworden und ist würdig, zu erzeugen, und ist wie Gott, der die Welten erzeugt.

31. Oktober Auf allen Wegen findet der Mensch Gott, und alle Wege sind voll der Einung. Aber der reinste und vollkommenste ist der Weg des Gebetes.

1. November Wer in seinem Feuer betet, in dessen Kehle redet Gott selbst das innere Wort. Dieses ist das Erlebnis; das äußere Wort ist nur sein Gewand. Wie von brennenden Hölzern der Rauch emporsteigt, aber die schweren Teile am Boden haften und zu Asche werden, so steigt vom Gebete nur der Wille und die Inbrunst empor, aber die äußeren Worte zerfallen zu Asche.

2. November Je höher die Inbrunst, je gewaltiger die Intentionskraft (Kawwana), desto unbedingter ist die Vereinigung.

3. NOVEMBER

Es ist eine große Gnade von Gott, daß der Mensch nach dem Gebete am Leben bleibt, denn nach der Natur müßte er sterben, weil er seine Kraft begraben und in sein Gebet eingetan hat, wegen der Intentionskraft (Kawwana), die er hegt ...

4. NOVEMBER

Er denke vor dem Gebete, daß er bereit ist zu sterben um der Kawwana willen. Aber das Gebet soll nicht in Pein und Buße, sondern in großer Freude geschehen. Freude allein ist wahrhafter Gottesdienst.

Aus: Einführung zu »Die Geschichten des Rabbi Nachman« (1906)

Worte des Rabbi Nachman von Bratzlaw

5. NOVEMBER *Weltschauen*

Wie die Hand, vors Auge gehalten, den größten Berg verdeckt, so deckt das kleine irdische Leben dem Blick die ungeheuren Lichter und Geheimnisse, deren die Welt voll ist, und wer es vor seinen Augen wegziehen kann, wie man eine Hand wegzieht, der schaut das große Leuchten des Weltinnern.

6. NOVEMBER *Gott und Mensch*

Alle Nöte des Menschen kommen aus ihm selbst, denn das Licht Gottes ergießt sich ewig über ihn. Aber der Mensch macht sich durch sein allzu körperliches Leben einen Schatten, also daß das Licht Gottes nicht zu ihm gelangen kann.

7. NOVEMBER *Glaube*

Glaube ist ein gar starkes Ding, und durch den Glauben und die Einfalt ohne alles Klügeln wird einer gewürdigt, zur Stufe der Gnade zu kommen, die höher ist sogar als die heilige Weisheit: ihm wird überreiche und mächtige Gnade in Gott beschieden in sehr seligem Schweigen, bis er die Gewalt des Schweigens nicht mehr tragen kann und aufschreit aus der Fülle seiner Seele.

8. NOVEMBER *Das Gebet*

Es schreie ein jeder zu Gott und erhebe sein Herz zu ihm, als hinge er an einem Haare und der Sturmwind brauste bis zum Herzen des Himmels, bis daß er nicht wüßte, was er tun solle, und beinahe keine Zeit mehr hätte zu schreien. Und in Wahrheit ist ihm kein Rat und keine Zuflucht als einsam zu werden und seine Augen und sein Herz zu Gott zu erheben und zu ihm zu schreien. Und dieses tue man zu jeder Zeit; denn der Mensch ist in der Welt in großer Gefahr.

9. NOVEMBER

Zwei Sprachen
Es gibt Menschen, die die Worte des Gebetes zu sprechen vermögen in Wahrheit, also daß die Worte leuchten wie ein Edelstein, der aus sich selbst leuchtet. Und es gibt Menschen, deren Worte nur wie ein Fenster sind, das kein Licht aus sich selbst hat, das dem Lichte nur Eingang gibt und aus ihm erstrahlt.

10. NOVEMBER

Zweierlei Menschengeist
Es gibt zweierlei Geist, der ist wie rückwärts und vorwärts. Es gibt einen Geist, den der Mensch erlangt im Gange der Zeiten. Aber es gibt einen Geist, der über den Menschen kommt in großer Fülle, in großer Eile, schneller als ein Augenblick, denn er ist über der Zeit, und es bedarf keiner Zeit zu diesem Geiste.

11. NOVEMBER

Zweck der Welt
Die Welt ist nur um der Wahl und des Wählenden willen geschaffen worden. Der Mensch, der Herr der Wahl, soll sagen: Die ganze Welt ist nur um meiner selbst willen erschaffen worden. Daher soll jeder Mensch achten und schauen, zu jeder Zeit und an jedem Orte die Welt zu erlösen und ihren Mangel zu füllen.

Aus: »Die Geschichten des Rabbi Nachman« (1906)

Worte des Rabbi Nachman von Bratzlaw (II)

12. NOVEMBER *Freude*
Durch die Freude wird der Sinn seßhaft. Aber durch die Schwermut geht er ins Exil.

13. NOVEMBER *Vollendung*
Man muß sich an jedem Tag erneuern, um sich zu vollenden: sich zur Einheit vollenden, bis man vollendet ist nach der Schöpfung, wie man vor der Schöpfung war, daß man ganz eins sei, ganz gut, ganz heilig, wie vor der Schöpfung.

14. NOVEMBER *Zwischen Menschen*
Es gibt Menschen, die leiden furchtbare Not und können nicht erzählen, was in ihrem Herzen ist, und sie gehen einher, voll der Not. Kommt ihnen da einer entgegen mit lachendem Angesicht, er vermag sie zu beleben mit seiner Freude. Und das ist kein geringes Ding: einen Menschen beleben.

15. NOVEMBER *Im Verborgenen*
Es gibt Menschen, die im Offenbaren gar keine Herrschaft haben, aber im Verborgenen regieren sie das Geschlecht.

Das Reich Gottes

16. NOVEMBER

Die nicht in der Einsamkeit wandeln, werden verwirrt sein, wenn der Messias kommt und man sie ruft; aber wir werden sein wie ein Mensch nach dem Schlafe, dessen Sinn ruhig und gelassen ist.

Seele und Welt

17. NOVEMBER

Wenn eine Seele auf die Welt kommt, beginnt ihre Tat aus den heimlichen Welten emporzusteigen.

Steine wie Seelen

18. NOVEMBER

Es gibt Steine wie Seelen, die sind hingeworfen auf den Straßen. Aber wenn einst die neuen Häuser gebaut werden, dann fügt man ihnen die heiligen Steine ein.

Aus: »Die Geschichten des Rabbi Nachman« (1906)

Sterben

19. NOVEMBER Als Rabbi Bunam im Sterben lag, weinte seine Frau. Er sprach: »Was weinst du? All mein Leben war ja nur dazu, daß ich sterben lerne.« *(Der Sinn)*

20. NOVEMBER Nach dem Tod Rabbi Bunams kam sein Schüler Jizchak von Worki zu seinem Sohn Abraham Moshe, ihm Trost zuzusprechen. Der Sohn klagte: »... und wer wird mich weiter lehren?« – »Seid getrost«, sprach der Schüler zu ihm, »bisher hat er euch im Kaftan gelehrt, fortan wird er euch ohne Kaftan lehren.« *(Fortan)*

21. NOVEMBER Der Baal Schem-Tow* sprach zu den Schülern, die ihn umstanden (als es mit ihm zum Sterben kam): »Nicht um mich trage ich Sorge. Ich weiß ja in aller Klarheit: Zur einen Tür geh' ich hinaus, zur andern Tür geh' ich ein.« Und wieder sagte er: »Jetzt weiß ich, wozu ich erschaffen worden bin.« *(Vom Tod des Baalschem)*

22. NOVEMBER Rabbi Pinchas sprach: »Unsere Weisen sagen, es gebe einen Tod, der sei schwer wie das Ziehen des Taus durch den Ring des Mastbaums. Und es gebe einen Tod, der sei leicht wie das Ziehen eines Haars aus der Milch, und er sei der Tod im Kuß genannt. Meinem Gebet ist dieser zuteil geworden.« *(Der leichte Tod)*

* »Meister des guten Namens«, Begründer des Chassidismus (1700-1760)

23. NOVEMBER

Als Rabbi Abraham Mosche am Chanukkafest mit seiner Mutter in der Stadt Biala weilte, sagte er zu ihr: »Mutter, es gelüstet mich zu sterben.« Sie sagte: »Ich habe von deinem Vater gehört, daß man das Sterben erlernen muß.« Er antwortete: »Ich habe es schon erlernt.« Wieder sagte sie: »Ich habe von deinem Vater gehört, daß man sehr lange lernen muß, um es zu erlernen.« Er antwortete: »Ich habe schon genug gelernt«, und legte sich hin. Er starb am siebenten Festtag. Später erfuhr seine Mutter, daß er vor seiner Abreise seine Lieblingsschüler besucht und von ihnen Abschied genommen hatte. *(Das Gelüst)*

24. NOVEMBER

Bald nach dem Tode eines Zaddiks, der ein Freund Rabbi Mendels von Worki gewesen war, kam ein Chassid zu diesem und berichtete ihm, daß er dem Sterben beigewohnt hatte. »Wie war es?« fragte Rabbi Mendel. »Sehr schön«, sagte der Chassid, »wie wenn man aus einer Stube in die andere geht.« – »Aus einer Stube in die andere?« versetzte Rabbi Mendel, »nein, aus einem Winkel der Stube in den andern.« *(Der schöne Tod)*

25. NOVEMBER

Rabbi Mendel von Kozk sprach einmal am Morgen nach dem Gebet: »Als ich heut erwacht bin, dünkte es mich, ich sei kein lebender Mensch. Ich machte die Augen auf und betrachtete meine Hände und sah, ich kann mich ihrer bedienen. Und ich wusch sie. Und ich betrachtete meine Füße und sah, ich kann mit ihnen gehen. Und ich machte ein paar Schritte. So sprach ich den Segen: Gesegnet, der die Toten belebt, und verstand, ich bin ein lebender Mensch.« *(Nach dem Erwachen)*

Aus: »Die Erzählungen der Chassidim« (1949)

Das Jenseits des Sterbens – Die irdische Zeit

26. NOVEMBER Wir wissen nichts vom Tod, nichts als die eine Tatsache, daß wir »sterben« werden. Aber was ist das, sterben? Wir wissen es nicht. So geziemt es uns, anzunehmen, daß es das Ende alles uns Vorstellbaren ist.

27. NOVEMBER Unsere Vorstellungen ins Jenseits des Sterbens verlängern wollen, in der Seele vorwegnehmen wollen, was der Tod allein uns in der Existenz zu offenbaren vermag, scheint mir eine als Glaube verkleidete Ungläubigkeit zu sein.

28. NOVEMBER Der echte Glaube spricht: Ich weiß nichts vom Tod, aber ich weiß, daß Gott die Ewigkeit ist, und ich weiß dies noch, daß er mein Gott ist.

29. NOVEMBER Ob das, was wir Zeit nennen, uns jenseits unseres Todes verbleibt, wird uns recht unwichtig neben diesem Wissen, daß wir in Gottes Hand sind – der nicht »unsterblich«, sondern ewig ist.

30. NOVEMBER Statt unser Selbst uns lebend wiewohl tot vorzustellen, wollen wir uns auf einen wirklichen Tod bereiten, der vielleicht die Endschranke der Zeit, der aber, wenn es sich so verhält, gewiß die Schwelle der Ewigkeit ist.

Aus: »Nach dem Tod«. Antwort auf eine Rundfrage (1927)

1. DEZEMBER

Eine fremde (laute) Stimme spricht:
Ein Seil ist über die Tiefe gestreckt,
setz deinen Fuß nun darauf
und, eh dein Schritt den Widerspruch weckt,
lauf!

Ein Seil ist über die Tiefe gespannt:
Versag dich unterwegs allem Hier!
Schon winkt von drüben dir eine Hand:
»Zu mir!«

2. DEZEMBER

Die vertraute (leise) Stimme spricht:
Folge nicht dem heischenden Ruf!
Der dich schuf,
meinte zu dir:
»Sei bereit
für jede irdische Zeit!«
Immer schon hält dich seine Hand –
bleib liebend der Welt zugewandt!

In: Grete Schaeder, Martin Buber. Hebräischer Humanismus

Worte des Baal-Schem-Tow

3. Dezember Alles, was du zu tun vermögend bist, tu es mit deiner Kraft. Das ist: binde die Tat an die Kraft des Gedankens.

4. Dezember Zuweilen ruht ein Mensch auf seinem Lager, und seinen Hausgenossen erscheint es, als schlafe er, aber er weilt zu dieser Stunde in der Einsamkeit mit dem Schöpfer. Gesegnet sei ER.

5. Dezember Das ist eine hohe Stufe, daß er den Schöpfer allzeit mit dem Auge seiner Einsicht anschaut, wie einen anderen Menschen. Und besinne dies: wenn du stets in einem lauteren Gedanken verharrst, dann schaut auch der Schöpfer dich wie ein Mensch an.

6. Dezember Der Mensch soll seinen Sinn darauf richten, daß er eine Leiter ist, gestellt auf die Erde und ihr Haupt an den Himmel rührend, und alle seine Gebärden und Geschäfte und Reden ziehen Spuren in der oberen Welt.

7. Dezember Spricht nicht in deinem Herzen, du seist größer als dein Gefährte, weil du Gott mit Inbrunst dienst. Du bist nicht anders als alle Geschöpfe, die zum Dienst Gottes geschaffen wurden. Und womit wärst du angesehener als ein Wurm? Dient er doch dem Schöpfer mit seiner ganzen Einsicht und Kraft.

8. DEZEMBER

Mancher, der Gott zu haben sich bedünkt, weiß nicht von ihm. Manchem, der aus der Ferne nach ihm zu verlangen scheint, ist er nah. Du aber denke immer, du ständest am Ufer des Jordans und seist in das Land noch nicht eingegangen. Und hast du schon allerlei Gebote erfüllt, so wisse, du hast nichts getan.

9. DEZEMBER

Mit Gott ging Noah. – Noah hing Gott so sehr an, daß ihm jeder Schritt, den er tat, von Gott geleitet schien, als stünde Gott ihm gegenüber und setzte ihm die Füße zurecht und führte ihn, wie ein Vater, der seinem kleinen Sohn das Gehen beibringt. Darum, wenn sich der Vater von ihm entfernte, wußte Noah: Das ist, damit ich gehen lerne.

Aus: »Baal-Schem-Tow«. Unterweisung im Umgang mit Gott (1927)

Das Haus

10. DEZEMBER Der Mensch *muß* nicht nur wohnen, er *will* es auch.

11. DEZEMBER »Haus« aber bedeutet in der unvergänglichen Ursprache des Menschenherzens mein Haus, dein Haus, eines Menschen eigenes Haus.

12. DEZEMBER Das Haus ist der feste Würfel, den der Mensch der Unheimlichkeit des Weltraums abgetrotzt hat; es ist seine Wehr gegen das Chaos, das zu ihm einzudringen droht.

13. DEZEMBER Darum geht sein tiefer Wunsch darauf, daß es sein eigenes Haus sei, das er mit keinem andern als mit den Seinen zu teilen brauche.

14. DEZEMBER Das Haus des Menschen, um das es ihm geht, steht zwischen Häusern, zwischen Nachbarhäusern, zwischen den Häusern seiner Nachbarn. Das uneingestandene Geheimnis des Menschen ist, daß er in seinem Wesen und in seiner Existenz von seinen Mitmenschen bestätigt werden will, und daß er wünscht, sie möchten ihm ermöglichen, sie zu bestätigen.

15. DEZEMBER

(Und dies geschieht) auch im Verlauf der nachbarlichen Begegnungen, etwa wenn er und der andere aus der Tür seines Hauses oder an das Fenster seines Hauses tritt und der Gruß, mit dem sie einander begrüßen, von einem wohlwollenden Blick begleitet wird, einem Blick, in dem die Neugier, das Mißtrauen und die Routine durch eine gegenseitige Teilnahme überwunden sind: der eine gibt dem anderen zu verstehen, daß er sein Vorhandensein billigt.

16. DEZEMBER

Dies ist das unentbehrliche Minimum der Humanität. Soll die Menschenwelt eine menschliche Welt sein, so muß Unmittelbarkeit zwischen den Menschen walten, und so auch zwischen Menschenhaus und Menschenhaus.

Aus: »Gemeinschaft und Umwelt« (1963)

Chanukka – Das Lichtwunder

17. DEZEMBER Rabbi Pinchas sprach: »Wisset, was der Sinn des Lichtwunders von Chanukka ist: Das von der Schöpfung her verborgene Licht hat sich da offenbart. Und in jedem Jahr, da man zu Chanukka die Lichter anzündet, offenbart sich neu das verborgene Licht. Und dies ist das Licht des Messias.« *(Das Lichtwunder)*

18. DEZEMBER Rabbi Pinchas sprach: »Jeder Mensch hat im Himmel ein Licht. Wenn zwei Menschen einander begegnen, gesellen sich die Lichter zueinander, und ein neues Licht geht aus ihnen hervor.« *(Die Belebung)*

19. DEZEMBER Der Berditschewer Rabbi Levi Jizchak ging einst auf der Straße auf einen Mann zu, der ein hohes Amt innehatte und ebenso böse wie mächtig war, faßte ihn am Saum seines Rocks und sprach zu ihm: »Herr, ich beneide dich. Wenn du zu Gott umkehrst, wird aus jedem deiner Flecken ein Lichtstrahl werden, und du wirst ganz zu Licht gedeihen. Herr, ich beneide dich um dein großes Leuchten.« *(Neidisch)*

20. DEZEMBER »In solchen Stunden«, sagt der Baal-Schem-Tow, »kann ein Blick großes Licht in eine Seele schütten. Aber die Furcht der Menschen baut Wände vor das Licht.« *(Segen und Hindernis)*

21. Dezember

Durch Rabbi Nachman von Bratzlaw ist uns dieser Spruch seines Urgroßvaters, des Baal-Schem-Tow überliefert. »Wehe, die Welt ist voll gewaltiger Lichter und Geheimnisse, aber der Mensch verstellt sie sich mit seiner kleinen Hand.« *(Die kleine Hand)*

22. Dezember

Rabbi Pinchas sprach: »Seit ich dem Schöpfer wahrhaft zu dienen begann, habe ich kein Ding mehr zu erlangen gesucht, nur genommen, was Gott mir gibt. Weil die Pupille dunkel ist, nimmt sie alles Licht in sich auf.« *(Die Pupille)*

23. Dezember

Die Worte, die von dem Gedenken und Feiern des Wunders von Chanukka gesprochen werden, »Und man hat festgesetzt, deinem großen Namen zu danken und zu lobpreisen«, legte Rabbi Mendel von Kozk so aus: »Man hat alle so sehr mit der Kraft des Wunders durchdrungen, damit sie auf das Wunder achten, das immerzu geschieht.« *(Das ewige Wunder)*

Aus: »Die Erzählungen der Chassidim« (1949)

Die Kundgebung des Göttlichen – Theophanie

24. DEZEMBER Die primäre Wirklichkeit ist das Wirken des Unbedingten am Menschengeist. Der Menschengeist hält dem Übergewaltigen stand durch die Kraft seiner Schau: so widerfährt es ihm als das große Gegenüber, als das Du an sich.

25. DEZEMBER Der Menschengeist faßt das in sich Unerfaßliche durch die Schöpfung des Sinnbilds: so offenbart sich ihm in Zeichen und Spruch der wink- und wortlose Gott.

26. DEZEMBER Das Strömen der Allflut schöpft der Menschengeist in die Schale einer Aussage: so und nicht anders sei das Walten des Herrn beschaffen. Den Blitz des Urlichts fängt er in dem Spiegel einer Anordnung auf: so und nicht anders sei dem Ewigen zu dienen.

27. DEZEMBER Mit beidem aber ist der Menschengeist nicht unwürdig, nicht ungetreu, sondern zu solcher Gestalt wirkt sich das Unbedingte selber in ihm aus, und nicht weiter ist er zu dieser Zeit ihm zum Werkzeug gediehen.

28. DEZEMBER Denn reifen will das Göttliche in der Menschheit. In deren großen Gezeiten entwächst es in unsichtbarem Werden altem Sinnbild, blüht es zu neuem auf; immer innerlicher, immer herznäher wird das Bild, immer tiefer senkt es sich in das Leben selber ein, und der es vor fünftausend Jahren in den Sternen schaute, erblickt es heute im Auge des Freundes.

29. DEZEMBER

Nicht Gott ist es, der sich wandelt, die Theophanie wandelt sich, die Kundgebung des Göttlichen durch den sinnbildschaffenden Menschengeist: bis kein Sinnbild mehr zureicht, und keins nottut, und das Leben selbst im Wunder seines Miteinander zum Sinnbild wird – bis Gott leibhaftig gegenwärtig wird, wenn ein Mensch einem Menschen die Hände reicht.

30. DEZEMBER

Jeden Menschen rührt einmal, noch so kurz, noch so dämmerhaft, das Wirken des Unbedingten an: die Zeit des Lebens, in der dies an allen geschieht, nennen wir die Jugend.

Aus: »Cheruth«. Eine Rede über Jugend und Religion (1919)

31. DEZEMBER

Zum Neuen Jahr
Rabbi Bunam sprach: »Am Neuen Jahr beginnt die Welt neu, und ehe sie neu beginnt, geht sie zu Ende. So denn, wie vorm Sterben alle Kräfte des Leibes angestrengt das Leben festhalten, so halte der Mensch am Neuen Jahr das Leben der Welt mit allen Kräften fest.« *(Das Leben festhalten)*

Aus: »Die Erzählungen der Chassidim« (1949)

Kurzbiographie

Am 8. Februar 1878 wird Martin Mordechai Buber in Wien geboren. Seine Eltern trennen sich bald. So wächst Martin von seinem dritten Lebensjahr an bei seinen Großeltern Adele und Salomon Buber in Lemberg auf. Der Großvater ist ein seinerzeit berühmter Midrasch-Gelehrter.

Von 1888-1896 besucht Martin Buber in Lemberg das polnische Gymnasium. Schon während dieser Zeit kommt er mit den Nachfahren der großen Chassidim des 18. Jahrhunderts in Berührung.

1896-1904 studiert Martin Buber Philosophie, Germanistik, Kunstgeschichte und Psychiatrie in Wien, Leipzig, Zürich und Berlin. Er promoviert in den Fächern Philosophie und Kunstgeschichte. 1899 heiratet er die Germanistik-Studentin Paula Winkler, die sich später auch als selbständige Schriftstellerin hervortun wird (1900 Sohn Rafael, 1901 Tochter Eva).

1898-1903 in der zionistischen Bewegung (Theodor Herzl) aktiv, konzentriert sich Martin Buber seit 1904 auf die Beschäftigung mit dem Chassidismus. 1905-1916 ist er Lektor in der Literarischen Verlagsanstalt Rütten & Loening in Berlin. Als sein erstes Buch erscheinen 1906 »Die Geschichten des Rabbi Nachman«.

1916-1938 lebt Buber in Heppenheim/Bergstraße. 1922 beginnt seine Mitarbeit am Freien Jüdischen Lehrhaus in Frankfurt, das von Franz Rosenzweig geleitet wird. 1923 erscheint »Ich und Du«, das grundlegende philosophische Werk Bubers.

1925 beginnt er (bis 1929 zusammen mit Franz Rosenzweig) auf Anregung des jungen Verlegers Lambert Schneider mit der Übertragung der Hebräischen Bibel in die deutsche Sprache, die er nach langjähriger Unterbrechung erst 1961 vollenden kann (die vierbändige Ausgabe erscheint 1962).

Seit 1930 Honorarprofessor für Religionswissenschaft und Jüdische Ethik an der Universität Frankfurt, legt er 1933 das Amt nieder, bevor man ihm offiziell die Venia Legendi entzieht. Bis März 1938 (Auswanderung nach Palästina) widmet sich Buber u.a. der jüdischen Erwachsenenbildung in Deutschland. In Jerusalem erhält er an der Hebräischen Universität eine Professur für Sozialphilosophie (bis 1952 wahrgenommen).

1947 reist er erstmals wieder nach Europa. 1951 wird ihm der Hansische Goethepreis der Universität Hamburg verliehen, den er 1953 in Hamburg entgegennimmt. Im gleichen Jahr erhält er den Friedenspreis des Deutschen Buchhandels (seine Friedenspreisrede schlägt Wellen); 1963 wird ihm in Amsterdam der niederländische Erasmus-Preis überreicht.

Am 11. August 1958 stirbt Paula Buber in Venedig.

1962-1964 erscheint bei Lambert Schneider/Heidelberg und Kösel/München die von Buber selbst vorgenommene dreibändige Auswahlausgabe der Werke (Schriften zur Philosophie – Schriften zur Bibel – Schriften zum Chassidismus).

Am 13. Juni 1965 stirbt Martin Buber in Jerusalem. Zum Band »Nachlese« hat er noch die Fahnenkorrektur lesen können.

Sein Werk umfaßt die Verdeutschung der Hebräischen Bibel, zahlreiche Schriften zur Bibel und zum Judentum, Beiträge zur Psychotherapie und Pädagogik, sowie seine dialogische Philosophie. In nacherzählenden und darstellenden Büchern ermöglicht er einen Zugang zur Welt des Chassidismus.

Quellenhinweis

Soweit nicht anders vermerkt, stammen sämtliche Zitate aus Schriften Martin Bubers, deren Rechte beim Gütersloher Verlagshaus liegen. Im einzelnen:

Die Geschichten des Rabbi Nachman (1906) – Neuausgabe 1999

Mein Weg zum Chassidismus (1918) – in: Schriften Bd. III, 1963

Cheruth. Eine Rede über Jugend und Religion (1919) – in: Der Jude und sein Judentum ^{2}1993

Der Heilige Weg (1919) – in: Der Jude und sein Judentum ^{2}1993

Ich und Du (1923) – ^{13}1997

Spinoza, Sabbatai Zwi und der Baalschem (1927) – Geleitwort zu: Die chassidischen Bücher 1928

Nach dem Tod. Antwort auf eine Rundfrage (1927) – in: Nachlese ^{3}1997

Baal-Schem-Tow. Unterweisung im Umgang mit Gott (1927) – ^{4}1981

Der Glaube des Judentums (1928) – in: Der Jude und sein Judentum ^{2}1993

Das Judentum und die neue Weltfrage (1930) – in: Der Jude und sein Judentum ^{2}1993

Die Brennpunkte der jüdischen Seele (1930) – in: Der Jude und sein Judentum ^{2}1993

Zwiegespräch mit Karl Ludwig Schmidt im Jüdischen Lehrhaus in Stuttgart (1933) – in: Der Jude und sein Judentum ^{2}1993

Kampf um Israel (1933) – in: Reden und Schriften 1921-1932

Die Frage an den Einzelnen (1936) – in: Das dialogische Prinzip ^{8}1997

Der Glaube der Propheten (1940) – ^{2}1984

Gog und Magog (1943) – ^{4}1993

Das Problem des Menschen (1947) – in: Schriften Bd. I, 1962

Der Weg des Menschen nach der chassidischen Lehre (1948) – ^{13}1999

Recht und Unrecht. Deutung einiger Psalmen (1950) – ^{2}1994

Zwei Glaubensweisen (1950) – ^{2}1994

Gottesfinsternis (1952) – ^{2}1994

Gemeinschaft und Umwelt (1953) – in: Nachlese ^{3}1993

Das echte Gespräch und die Möglichkeiten des Friedens (Friedenspreisrede 1953) – in: Nachlese ^{3}1993

Das dialogische Prinzip (1954) – 1997

Zu einer neuen Verdeutschung der Schrift. Beilage zu: Die fünf Bücher der Weisung (1954)

Nachwort zu Ich und Du (1957) – in: Ich und Du ^{13}1997
Begegnung. Autobiographische Fragmente (1960) – ^{4}1986
Das Buch der Preisungen – Die Schriftwerke (1962)
Das Buch Gleichsprüche – Die Schriftwerke (1962)
Gläubiger Humanismus (1963) – in: Nachlese ^{3}1993
Nachlese (1965) – ^{3}1993
Briefwechsel aus sieben Jahrzehnten, Bd. I-III (1972-75)
Die Erzählungen des Chassidim, © Manesse Verlag, Zürich 1949
Hebräischer Humanismus, © Vandenhoeck & Ruprecht, Göttingen 1966
Hinweise. Gesammelte Essays, © Manesse Verlag, Zürich 1953

Trotz intensiver Bemühungen war es dem Verlag nicht in allen Fällen möglich, den jeweiligen Rechtsinhaber ausfindig zu machen. Für Hinweise sind wir dankbar. Rechtsansprüche bleiben gewahrt.

Ein Begleiter durch das Jahr

ALLGEMEINES PROGRAMM

Weltreligionen

Die Weisheit des Judentums

Gedanken für jeden Tag des Jahres.
Herausgegeben von Walter Homolka und Annette Böckler.
416 Seiten.
Geb. mit Schutzumschlag und Zeichenband.
[3-579-02232-6]

Wer Zugang finden möchte zum Judentum und seinem reichen geistigen Erbe, der entdeckt in diesem schönen Band sorgsam ausgewählte Texte aus der jüdischen Weisheit. Mit diesen Gedanken und Worten erschließen sich Momente einer tieferen spirituellen Dimension.

Tel. 0 52 41 / 74 05 - 41
Fax 0 52 41 / 74 05 - 48
Internet: http://www.guetersloher-vh.de
e-mail: info@guetersloher-vh.de

Gütersloher Verlagshaus

Ungekürzte Originalfassung

ALLGEMEINES PROGRAMM

Geschenkbuch

Die Geschichten des Rabbi Nachman

Nacherzählt von Martin Buber.
Mit einem Nachwort von Paul Mendes-Flohr.
144 Seiten mit 40 farbigen Abbildungen. Geb.
[3-579-02235-0]

Martin Buber hat die bedeutendsten Geschichten des Rabbi Nachman (1772–1810) ausgewählt und sie mit dichterischem Einfühlungsvermögen nacherzählt, ja nacherlebt. In ihnen gewährt er bedeutende Einblicke in die geistige Welt der Chassidim, deren tiefe Spiritualität lange Zeit verkannt wurde.

Tel. 0 52 41 / 74 05 - 41
Fax 0 52 41 / 74 05 - 48
Internet: http://www.guetersloher-vh.de
e-mail: info@guetersloher-vh.de

Gütersloher Verlagshaus

ALLGEMEINES PROGRAMM

Jüdischer Humor

Des Rabbis Rat

Von der Weisheit jüdischen Humors.
Herausgegeben von Leonie Singer.
157 Seiten mit 8 sw-Illustrationen.
Geb. mit Schutzumschlag.
[3-579-02290-3]

Jüdische Anekdoten, Legenden und Weisheiten sind humorvoll und voller Tiefgründigkeit, amüsant und gleichzeitig weise ist die Lebenshilfe des Rabbis. Die kleinen und größeren Probleme zwischen Himmel und Erde werden verschmitzt und hintergründig erklärt, Vorurteile und Borniertheit schmunzelnd entlarvt. Knappe Formulierungskunst, trockene Skepsis und unbarmherzige Selbstverspottung machen die Faszination und den Charme dieser Anthologie jüdischen Humors und jüdischer Lebensklugheit aus.

Tel. 0 52 41 / 74 05 - 41
Fax 0 52 41 / 74 05 - 48
Internet: http://www.guetersloher-vh.de
e-mail: info@guetersloher-vh.de

Gütersloher Verlagshaus

Jüdischer Humor

GTB Jüdische Weisheit

Zwischen Himmel und Erde

Jüdische Erzählungen und Lebensweisheiten.
Herausgegeben von Birgit E. Kretzer.
96 Seiten. Kt.
[3-579-00732-7]
GTB 732

Weltklugheit, frappierende Schärfe und eine krasse Selbstverspottung sind die Merkmale jüdischen Humors, wie er sich in Märchen, Erzählungen, Legenden und Weisheiten findet. Sie bieten praktische und kluge Lebenshilfe, die von einer großen Lebensnähe zeugt. Diese Anthologie lädt ein, den jüdischen Humor und die jüdischen Feste kennenzulernen. Märchen und Erzählungen, Legenden und Weisheiten zum Nachdenken und Schmunzeln. Jüdische Weisheit als Spiegelbild der jüdischen Psyche.

Tel. 0 52 41 / 74 05 - 41
Fax 0 52 41 / 74 05 - 48
Internet: http://www.guetersloher-vh.de
e-mail: info@guetersloher-vh.de

Gütersloher Verlagshaus

Jüdische Weisheit